¡Es tu dinero!

Diseño de tapa:
DCM DESIGN

NICOLÁS LITVINOFF

¡Es tu dinero!

Finanzas personales sin asesores

GRANICA

ARGENTINA - ESPAÑA - MÉXICO - CHILE - URUGUAY

© 2009, 2010, 2011, 2012, 2015 *by* Ediciones Granica S.A.

ARGENTINA
Ediciones Granica S.A.
Lavalle 1634 3º G / C1048AAN Buenos Aires, Argentina
Tel.: +54 (11) 4374-1456 Fax: +54 (11) 4373-0669
granica.ar@granicaeditor.com
atencionaempresas@granicaeditor.com

MÉXICO
Ediciones Granica México S.A. de C.V.
Valle de Bravo N° 21 El Mirador Naucalpan - Edo. de Méx.
53050 Estado de México - México
Tel.: +52 (55) 5360-1010 Fax: +52 (55) 5360-1100
granica.mx@granicaeditor.com

URUGUAY
Ediciones Granica S.A.
Scoseria 2639 Bis
11300 Montevideo, Uruguay
Tel.: +59 (82) 712 4857 / +59 (82) 712 4858
granica.uy@granicaeditor.com

CHILE
granica.cl@granicaeditor.com
Tel.: +56 2 8107455

ESPAÑA
granica.es@granicaeditor.com
Tel.: +34 (93) 635 4120

www.granicaeditor.com

Reservados todos los derechos, incluso el de reproducción
en todo o en parte, en cualquier forma
GRANICA es una marca registrada
ISBN 950-641-850-2
Hecho el depósito que marca la ley 11.723
Impreso en Argentina. *Printed in Argentina*

Litvinoff, Nicolás
   ¡Es tu dinero! : Finanzas personales sin asesores . -
2a ed. - Ciudad Autónoma de Buenos Aires : Granica,
2015.
   224 p. ; 22x15 cm.

   ISBN 978-950-641-850-2

   1. Finanzas. I. Título
   CDD 332

ÍNDICE

AGRADECIMIENTOS

A mi padre, Norberto, y mis hermanos, Ana, Demián y Laura, por el apoyo que me brindan ante cada nuevo desafío.

A Federico Tessore, director de Inversor Global, por haber tendido un puente directo entre mis ideas y las personas interesadas en ellas.

A Ernesto Gore, por haberse sumado a esta causa desde el primer momento.

Y, especialmente, a Darío Nudler, editor a cargo de esta obra, por su esfuerzo, compromiso y dedicación al trabajo.

PRÓLOGO

El diario británico *Daily Mail* publicó tiempo atrás un artículo donde narra el violento secuestro que sufrió James Amburn, un asesor financiero de 56 años radicado en Espira, Alemania.

Hasta aquí, un hecho delictivo más. Sin embargo, la noticia rápidamente trascendió las invisibles fronteras de la pequeña ciudad. Sólo hizo falta que se develara la trama: sus captores habían sido Roland y Willy, dos inversionistas mayores de 60 que eran clientes de Amburn y habían perdido con él todos sus ahorros.

La descripción de lo sucedido merece guión y actores: el asesor fue introducido en el baúl de un auto y llevado hasta la casa de Roland en Bavaria, a unos 500 kilómetros del lugar del secuestro.

Allí se sumaron a la banda dos clientes también sexagenarios enceguecidos por la ira: los médicos retirados Gerhard e Iris.

Entre los cuatro, ataron a Amburn a una silla y lo interrogaron por sus inversiones. Todo se había perdido en una pésima jugada por el sector inmobiliario de Florida, en

Miami, previo al estallido de la crisis de las hipotecas *sub-prime*. La respuesta no trajo calma: el asesor fue encadenado, salvajemente golpeado y quemado con cigarrillos.

Desesperado por salvar su vida, Amburn ofreció vender los bienes que poseía en Suiza. Envió un fax para realizar la operación y en él coló un pedido de auxilio que ninguno de sus secuestradores supo detectar.

Al día siguiente, la policía llegó al lugar y pudo rescatarlo maltrecho pero vivo. Los quebrados inversionistas, ahora detenidos, enfrentan cargos por hasta 15 años de prisión.

Aunque extremo, el hecho habla de una conducta típica de los inversionistas: culpar a los asesores financieros cuando se pierde dinero. Habla también de cómo la gente elige la comodidad de delegar en terceros casi desconocidos el destino de sus ahorros, una reacción a las claras irresponsable.

Al analizar el término "responsabilidad", podemos ver que está formado por la unión de "respuesta" y "habilidad". Refiere a la capacidad de responder con eficacia o con habilidad, con la habilidad de saber hacer algo.

Por consiguiente, la pregunta principal que se plantea aquí es: ¿estamos respondiendo con compromiso y habilidad al desafío de invertir eficientemente nuestros ahorros, de forma tal que nos permitan alcanzar la independencia económica y un retiro temprano?

Superada la enésima crisis financiera y su burbuja previa, la experiencia indica que seguirán existiendo asesores que hagan perder dinero a sus clientes. Secuestrarlos no parece la solución. Leer este libro, en cambio, puede empezar a serlo.

Darío Nudler

INTRODUCCIÓN

Este libro pretende ser útil para todos los inversionistas, tanto para aquellos que apenas están dando sus primeros pasos en el mercado y requieren del vasto material aquí presente, como para los más experimentados, a quienes alentará a reflexionar sobre sus comportamientos habituales de una forma original.

Contiene un doble mensaje: por un lado, considera al de las finanzas un mundo abierto a quien desee conocerlo y comprenderlo, pero al mismo tiempo cuestiona el "tú puedes" tan de moda por estos tiempos. Sucede que para conseguir grandes resultados, si no se ven acompañadas por esfuerzo y herramientas, las buenas intenciones no bastan.

Por eso y porque el aprendizaje no debe resultar aburrido, las próximas páginas se proponen entretener al lector con diálogos e historias ficticias de inversores, operadores y administradores de cartera, todos sumamente enriquecedores por las estrategias que despliegan y por su llamado a descubrirnos en tanto seres esencialmente emocionales que deseamos administrar nuestro dinero con ingenio y eficiencia.

También se ilustran con breves biografías de quienes han sabido dejar una huella en este mundo y enseñarnos con sus acciones lo que otros no habrían podido ni siquiera con mil palabras. Finalmente, porque somos seres lúdicos por naturaleza, se ofrecen numerosos ejercicios y tests que hablan, al fin y al cabo, de un juego: el de la vida financiera.

"¿Cómo hacer?", "¿cuáles son las herramientas que tenemos a disposición?", son algunas de las preguntas habituales de los lectores que aquí encuentran respuesta. "¿Se pueden obtener rendimientos altos todos los años sin ser profesionales?" ¡Por supuesto! ¡La independencia financiera sólo la encuentra quien la busca!

1. MANIFIESTO DEL COACHING FINANCIERO

Introducción

En las próximas páginas abordaremos la problemática a la que se ve expuesto el común de los inversionistas: la creciente tendencia a delegar decisiones determinantes para su futuro económico.

Profundizaremos sobre la compleja relación con el asesor financiero presenciando, como si tuviéramos una cámara Gesell, un diálogo ficticio –¡pero tan real!– entre un inversionista medio y su asesor.

Luego nos adentraremos en las tierras prácticamente vírgenes del coaching financiero, tras revisar los principios del coaching ontológico, la disciplina madre. Conocernos es clave para definir qué deseamos y cómo conseguirlo.

La primera parte del capítulo concluye con una atractiva tipificación de los inversionistas que, a la manera de un espejo, nos permitirá encontrarnos en el mundo financiero y proyectar un camino de éxito.

Concluida esta sección, arribaremos a una segunda parte netamente práctica, con entretenidos tests y ejercicios que recomendamos no pasar por alto antes de continuar leyendo.

A modo de aclaración, sepa el lector que al final del libro se incluye un breve glosario con aquellos términos que, definidos oportunamente, requieren descripciones más detalladas.

¡Manos a la obra!

El peligro de desconocer

En tiempos en que la intermediación financiera crece a pasos agigantados y se instala sin que lo notemos en nuestras vidas a través de promociones con tarjetas de crédito, préstamos de todo tipo y una variada oferta de inversiones a realizar sin movernos de casa, nos encontramos delegando a diario decisiones que comprometen nuestro futuro.

Cabe entonces preguntarnos qué nivel de compromiso asumimos a la hora de administrar el dinero. ¿Estudiamos seriamente la ecuación riesgo-rentabilidad antes de pagar en cuotas, tomar un préstamo, invertir en un producto financiero relativamente sofisticado o constituir un simple plazo fijo?

Imaginemos la siguiente situación, seguramente no muy alejada de alguna que todos hemos vivido.

Dos amigos se encuentran en la calle y uno comenta que está contento porque obtuvo en el banco un préstamo para comprarse por fin un auto cero kilómetro.

—¿Cuánto te cobran de tasa?

—15%.

—¿Es tasa adelantada o vencida? ¿Es efectiva o nominal anual?

—Mmm… No sé.

—Lo podemos calcular por el sistema de amortización. ¿Es francés, americano, alemán o directo?

—¡No pregunté!

Una semana después, el tomador del préstamo llama por teléfono a su amigo y le dice:

—Quiero agradecerte por las preguntas que me hiciste. Decidí investigar el tema, y como estaba a tiempo, logré que me pasaran de un sistema de amortización directo a uno francés, con lo cual ahorré cuatro puntos de tasa.

—Bien hecho. Te felicito.

—Y con lo que ahorré aproveché para comprar las acciones de XYZ a través del mismo banco para cancelar una parte del préstamo más adelante.

—Ah, bien. ¿Y en qué te basaste para comprar XYZ? ¿Leíste algún buen informe de análisis técnico o análisis fundamental? ¿Viene presentando buenos balances? ¿La ves dentro de una tendencia alcista?

—Este... Yo... Me la recomendó un amigo.

No hay margen para la duda: estos personajes no sólo presentan niveles de cultura financiera totalmente distintos, sino también muy diferentes grados de compromiso con su dinero. ¿Con cuál se identifican más ustedes?

El peligro de delegar

Si la economía de los Estados Unidos, la más grande y desarrollada del mundo, se encuentra ante un problema mayúsculo como el de las jubilaciones, cuya administración por parte del sector público parece marchar invariablemente hacia la bancarrota, ¿qué nos queda a los aportantes del resto del mundo, sujetos a sistemas privados muy cuestionados, o públicos obsoletos?

Una posible solución a esta clase de problemas sociales proviene del ámbito individual y consiste en lograr que cada ciudadano se involucre más en las decisiones sobre el destino de sus ahorros, sean previsionales o pensados para el consumo en un futuro no tan lejano.

La gran incógnita reside en saber si la mayoría de las personas se encuentran capacitadas para asumir semejante responsabilidad. Al respecto, generalmente se advierte una tendencia a sobreestimar el propio grado de conocimiento sobre cualquier variable económica o financiera, y obviar su análisis. Hablamos, por ejemplo, de la inflación, el riesgo en una inversión, la diversificación de los activos, o el cálculo de los intereses compuestos en un depósito a plazo.

Al mismo tiempo, en este mundo de escasos grises, sobre muchas mentes opera como verdad suprema una falsa creencia que desalienta todo intento de comprensión del funcionamiento del universo financiero, juzgado demasiado complejo, por lo que se ve como salida la cesión despreocupada del dinero a bancos, agentes de Bolsa, portfolio managers y otros especialistas para que lo administren a su antojo.

En última instancia, las dos posturas llevan a la evasión de la responsabilidad que deberíamos imponernos sobre el manejo de nuestro dinero, con resultados ciertamente alarmantes. Recuerdo vagamente un estudio realizado tiempo atrás en Australia que demostró que el 37% de los tenedores de acciones en forma directa o indirecta (a través de fondos comunes) ignoraban que los precios de sus activos podían fluctuar.

¿Es posible que nos importe tan poco el esfuerzo que a diario hacemos para obtener ahorros? Si no nos consideramos inferiores a quienes trabajan como administradores del dinero, ¿por qué no enriquecer nuestra cultura financiera para actuar en forma más precavida en las malas épocas y aprovechar mejor los momentos de euforia?

Con un mayor conocimiento sobre la materia, podremos desenmascarar a cualquier asesor financiero poco capacitado, y eludir así arriesgadas propuestas de inversión. Por el contrario, en un escenario positivo para los mercados, sabremos aprovechar el impulso para transformarnos en un interlocutor válido para todo agente de Bolsa capacitado, quien se mostrará dispuesto a ofrecernos activos con rentabilidades esperadas superiores al promedio en lugar de limitarse a las inversiones en principio más seguras.

La relación con el asesor

Como puede deducirse de lo dicho hasta aquí, comprometerse con las inversiones equivale a aceitar un vínculo de por sí difícil con el asesor, dado que se trata de dos personas que toman decisiones sobre el capital de una de ellas e interpretan, con información imperfecta, un futuro generalmente incierto.

Por lo delicado de la cuestión y debido al estatus que por formación suele adjudicársele al asesor, es comprensible que quien invierte a través de una institución prefiera adaptarse al profesional de turno antes que arriesgarse a ser visto como un cliente problemático por exigir un especialista que dé pruebas de sus aptitudes.

Sin embargo, por nuestro bien no deberíamos renunciar a examinarlo con consultas financieras y preguntas del tipo: "¿Cuál es su historial en el mercado? ¿Hace con su dinero lo mismo que les recomienda a sus clientes? ¿Cuántos años de experiencia tiene? ¿Podría facilitarme referencias de otros clientes sobre su trabajo?".

De no hacerlo, un día podríamos encontrarnos teniendo un diálogo como el que mantiene esta imaginaria inversionista con uno de sus asesores:

—¡Marta! ¿Cómo estás? ¿Cómo andan tus cosas? ¿Qué tal la consultora? —la atiende animado el ejecutivo de cuenta.

—Muy bien, Mariano. La consultora bien… En realidad, te llamo porque estoy un poco preocupada por lo que está pasando en los mercados. Por lo que leí, la cosa se está poniendo muy fea y no sé si mi cartera está bien posicionada…

—Sí, es verdad que lo de las *subprime* nos tiene preocupados a todos. Enseguida repaso lo que hay en tu cartera.

—Espero.

—Bien, tenemos 40% de acciones americanas, 20% de acciones europeas, 30% de bonos y 10% en *hedge funds*.

—Sí, tengo mi resumen acá. ¿En qué invierte el *hedge fund* que compramos?

—Dame un segundo…

—Es el que me vendió Juan desde el banco, que lo compramos más barato porque era un producto que comercializaban desde la mesa de Nueva York.

—Ah, sí. Un momento, quiero chequear algo… No, sí, son fondos… Ya estoy… —Se produce una pausa de varios segundos que parece eterna—. Es un *hedge fund* armado con instrumentos derivados, tiene *swaps* hipotecarios que usan los bancos para descargar riesgos de *spread* de tasas, a veces apalancados a LIBOR 3%, pero con coberturas hipotecarias y margen *subprime* de 3 a 1.

—Ahá. ¿A cuánto lo compramos y cuánto vale hoy?

—A ver… Lo compramos hace ocho meses y estás un 35% abajo.

—¿Cuánto? ¿¡35% abajo!? ¡No te puedo creer! ¿Está Juan por ahí?

—A ver, me fijo. —Nueva pausa—. Me dicen que salió a almorzar.

—Bueno, igual ahora ya está. ¿Y qué hago ahora con eso?

—Me parece que te conviene quedártelo. No tiene sentido vender ahora, ya bajó demasiado.

—Pero… ¿Y si sigue bajando? ¿Y si pierdo todo lo que puse ahí?

—No te puedo asegurar que ese escenario no se dé… A lo mejor conviene vender, es verdad.

—No sé que hacer… ¿Alguna recomendación?

—Y… Está difícil. ¿Y si mejor le digo a Juan que te llame? Él está más en tema con los *hedge funds*.

—OK…

—Bueno Marta, que sigas bien. ¡Tranquila que ya va a pasar!

—Bueno. Hablamos.

La inversionista no queda conforme con el asesoramiento y el asesor no queda conforme con su trabajo, siempre que sea autocrítico. Y lo fundamental es que la inversión salió mal.

¿Será momento de que Martha busque responsables puertas afuera, o de entender que es ella quien sufre las pérdidas y debe decidir en última instancia cada paso a seguir?

Hablemos del coaching ontológico

Hasta aquí hemos repasado tres pilares sobre los que debe sostenerse el inversionista para reducir riesgos en la búsqueda del éxito financiero; el compromiso con sus inversiones, su capacitación y el conocimiento de sus asesores, muchas veces devenidos en vendedores de productos poco transparentes.

Ahora es el turno de abordar un cuarto pilar fundamental que se impone sobre los anteriores porque los incluye pero también los supera. Y si bien es menos conocido y más complejo, viene ganando adeptos en todo el mundo a fuerza de resultados. Nos referimos al coaching financiero, leitmotiv de este libro.

Para comprender a qué nos referimos cuando hablamos de coaching financiero debemos comenzar por explicar, al menos brevemente, el significado de coaching ontológico, una disciplina transformadora del ser que la practica y las instituciones donde penetra.

El coaching ontológico propone, ante todo, cuestionar los modos tradicionales de percibir la realidad para que las personas y los equipos de trabajo puedan distanciarse de sus patrones de conducta habituales y analizarlos a la manera en que un extranjero reflexiona sobre las costumbres del país que visita.

Se basa en la premisa de que existe una relación directa entre nuestra forma de observar el mundo, las acciones que emprendemos y los resultados que obtenemos. Por ende, su meta principal es trasformar el tipo de observador que somos a fin de ampliar nuestro abanico de acciones posibles para alcanzar los objetivos planteados.

¿Cómo persigue nuestra transformación? Impulsándonos a abandonar el mundo de lo conocido para abrirnos paso a regiones no exploradas del saber pero acordes con nuestras inquietudes, entendiendo que si acudimos a él es porque encontramos diferencias entre lo que pretendemos y lo que finalmente estamos consiguiendo al actuar.

El punto de partida del coaching es una declaración de que algo no funciona, de que hay cosas que no nos gustan y quisiéramos que fueran diferentes. En síntesis, si *coaching* significa "entrenamiento" y *ontología* refiere al área de la filosofía dedicada al conocimiento del ser y sus propiedades trascendentales, *coaching ontológico* bien puede leerse como "entrenamiento del ser".

"Ser-Hacer-Tener" es entonces su lema, a partir del cual discute la idea dominante de que quien posee determinado *bien* puede *actuar* de una manera específica y, a partir de ese comportamiento, ser *algo*.

Desde nuestra visión, para el coaching ontológico el ser se define y actúa en base a su percepción de sí mismo y su entorno con el propósito de alcanzar lo deseado, redefiniendo gracias a la acción su propia existencia. "No sólo actuamos de acuerdo con cómo somos. También somos de acuerdo con cómo actuamos. La acción genera ser", reza uno de los principios de la ontología del lenguaje.

Por consiguiente, aquel profesional que se desempeña como coach ontológico no deberá indicarle a su público qué hacer, sino fomentar su autoconocimiento mediante preguntas, interpretaciones novedosas de sus acciones y cuestionamientos de sus patrones de pensamiento, con la finalidad de que puedan mirar la realidad de distintas maneras y explotar sus habilidades en pos de conseguir aquello que realmente quieren. Por supuesto, los deberá acompañar en la conexión con sus recursos y en el diseño de las estrategias a seguir.

Ahora bien, ¿qué sucede si la brecha de efectividad que detectamos entre los resultados que obtenemos y aquellos que deseamos se vincula con cuestiones económico-financieras? ¿Si no ganamos el dinero que creemos merecer? ¿Si no logramos acumular ahorros a fin de mes? ¿Si sentimos que derrochamos nuestros ingresos o que no realizamos inversiones inteligentes?

El coaching financiero

A la manera del coaching ontológico, el coaching financiero considera que el origen de estos problemas puede hallarse en el mismo observador y en su lectura del universo financiero, condicionante de su conducta y su suerte.

En consecuencia, a partir de sus estudios de coaching y finanzas, el trabajo del coach financiero consiste en lograr que su cliente se convierta en un observador de la realidad distinto, diestro y seguro.

¿Acaso no será posible disciplinar nuestro flujo de gastos y adecuarlo a nuestro flujo de ingresos a fin de contar con un excedente todos los meses para invertir en vehículos financieros que nos provean de una fuente de ingresos extra en el camino hacia la independencia financiera?

Citando a John Nelson, ¿no será posible congeniar nuestros ingresos netos con nuestros hábitos brutos?

Mencionemos ahora algunas de las principales metas a alcanzar de la mano del coaching financiero.

- Comprometerse con el manejo del dinero sin necesidad de delegar en terceros su destino.

- Conocer y comprender la naturaleza de los diferentes tipos de instrumentos financieros a nuestra disposición.

- Comprender los riesgos existentes de cada inversión y aprender a manejarlos. El mayor de los riesgos consiste en no entender lo que se está haciendo.

- Invertir con seguridad y habiendo llevado a cabo un estudio exhaustivo del caso elegido.

- Definir una filosofía propia de inversión, basada en la incorporación de las herramientas y estrategias que mejor se adapten a nuestra personalidad, objetivos y deseos.

- Aprender a reconocer las malas inversiones potenciales o realizadas, sea por baja rentabilidad en relación con el riesgo asumido, o por una pobre o mala diversificación de la cartera, entre otros errores que se cometen con frecuencia.

Las principales labores del coach son las que siguen.

- Lograr que el inversionista se convierta en un observador de la realidad distinto, más hábil y seguro, capaz de cerrar la brecha de efectividad existente.

- Para ello necesitará conocerlo, saber de sus objetivos financieros y la vida que desea llevar en relación con las finanzas. Así podrá promover el autoconocimiento de la persona y abrir su horizonte a posibilidades de acción antes no imaginadas o consideradas por ella.

- Motivar al inversionista y predisponerlo al reconocimiento de los propios errores, de las incongruencias entre lo que pretende y lo que hace, y a la aprehensión de nuevas formas de mirar la realidad.

- No menospreciar sus opiniones y poder de razonamiento, sino estimularlo a buscar solución a sus problemas mediante la formulación de preguntas e interpretaciones novedosas y la discusión de propuestas de acción diferentes de las habituales.

- Dejar en claro que es el inversionista quien debe trazar el camino a seguir, validando en todo caso lo que el coach o un asesor le haya propuesto.

- Comprometerse con los resultados que el cliente pretende alcanzar.

En rigor, si no hay diferencias entre el tipo de inversionista que uno es y el que desea ser, no hay espacio para el coaching. ¿Pero quién puede afirmar que, en su caso, esas diferencias no existen?

Conocer para conocernos

Por increíble que parezca, el vínculo emocional del hombre con el dinero continúa siendo un tema tabú en nuestros tiempos, escasamente abordado por los expertos en finanzas aunque creciendo con ímpetu en ámbitos alternativos y gracias a autores aún menospreciados por la academia.

Aquí entendemos, como habrá notado el lector a esta altura, que resulta esencial definir el tipo de inversionista que somos para ubicarnos y proyectar nuestro horizonte financiero.

Por lo tanto, presentamos un esquema elaborado originalmente por el gurú de los negocios, John Burley, quien clasificó en seis tipos ideales distintos a las personas que desean hacer negocios con su dinero.

Al abordar este tema, Burley, Jom Rogers, el millonario Donald Trump, el genial Napoleón Hill y el ya popular Robert Kiyosaki, autor de *Padre rico, padre pobre*, se convirtieron en los referentes del naciente coaching financiero.

Repasemos el esquema.

1. Los deudores

Son personas que resuelven sus problemas de fondeo pidiendo dinero prestado. Su concepción de la planificación financiera se resume en la frase "solicitarle a Juan para pagarle a Pedro". Las leyendas "cuotas fijas", "créditos a sola firma" y "bajas tasas" llaman inevitablemente su atención. Son capaces de comprar productos que no necesitan si se los puede pagar en plazos.

En muchos casos se los puede confundir con personas ricas o prósperas por sus coches último modelo o grandes hogares. Sin embargo, cuando uno comienza a investigar, los encuentra viviendo al límite, puesto que todo lo que tienen fue adquirido a crédito. Su gran error es pensar que su problema es el ingreso, cuando en realidad lo que no saben es controlar sus gastos.

"No gano el dinero suficiente", "yo me lo merezco", "trabajo duro para darme los gustos" o "por qué no comprarlo si está en oferta", son los pensamientos que emergen apenas pisan un shopping. Gastan, se deprimen y gastan más. Si sus ingresos crecieran, nada cambiaría, dado que la realidad marca que cuanto más ganan, más se endeudan.

El primer paso para superar este nivel consistiría en reconocer la existencia del problema. Luego, organizar las deudas y definir un orden de prioridades de consumo, para pasar inmediatamente a fijar objetivos realistas de reducción de los compromisos financieros.

2. Los ahorristas

Estas personas ahorran pequeñas sumas de dinero en forma periódica y las colocan generalmente en vehículos de inversión de bajo riesgo y corto plazo, como cajas de ahorro o seguridad, cuentas corrientes o plazos fijos, pensando en convertirlas no en inversión de largo plazo sino en consumo: vacaciones, productos tecnológicos, cambio de coche, etc. Buscan siempre pagar en efectivo y evitan contraer deudas. Aunque podrían dividir sus ahorros en cuentas a la vista e inversiones más rendidoras, no se preocupan por hacerlo.

Quienes se identifican con esta caracterización, ciertamente deberían invertir en su cultura financiera (cursos y libros), al menos para conocer instrumentos que pueden transportarlos a un mundo de beneficios más atractivos que el ofrecido por los bancos.

3. Los "inteligentes"

Las comillas obedecen a la supuesta inteligencia de los inversionistas reunidos bajo este estereotipo, quienes así se ven debido a la sólida educación general que los convirtió en profesionales y en miembros de los sectores medios más pujantes de la sociedad. No obstante, los títulos universitarios no suelen traducirse en rigurosidad a la hora de abordar el mundo de las finanzas personales. Rara vez estos personajes leen los estados contables de las empresas en que invierten. ¿Por qué habrían de hacerlo si se trata de doctores, psicólogos o ingenieros que no fueron entrenados para comprender reportes de esa naturaleza?, se preguntan. La respuesta, en los resultados de sus incursiones financieras…

Para ser más específicos, podemos subdividir esta categoría en tres grupos diferentes de inversionistas:

a) aquellos desesperanzados que consideran al mundo financiero sumamente complejo, impenetrable, y prefieren delegar toda lectura del mercado en sus asesores, a cuyas decisiones se someten;

b) los cínicos, desconfiados de toda inversión y, en apariencia, seguros de sí mismos y sus argumentos; así, cuando se les consulta sobre qué papel o bono adquirir, siempre se muestran escépticos y aducen tener razones para ello, sin embargo, a la hora de comprar un título, buscan en las secciones económicas de los diarios y obedecen sin más los consejos de los analistas mediáticos; el resultado suele ser negativo, dado que cuando un papel aparece recomendado en los medios, significa que ya subió demasiado;

c) los jugadores, cuyo acercamiento al mercado se asemeja al de un habitué del casino; no suelen seguir las reglas ni los principios del *trading* y siempre están buscando un supuesto secreto de oro del mercado o el negocio que los salve de por vida; cuando se los consulta sobre cómo les está yendo, responden "estoy hecho" o "apenas abajo", cuando en realidad acumulan enormes pérdidas; en épocas alcistas, suelen ganar mucho dinero y creerse los reyes de las finanzas, pero cuando vienen las correcciones, en pocos días pierden todo lo cosechado anteriormente.

En síntesis, reconocer que el mercado siempre ofrece posibilidades de obtener altas rentabilidades sería un primer paso en el camino de estos inversionistas hacia una inteligencia validada por los resultados. El segundo, abandonar sus hábitos y falsas creencias para poder acceder a esos resultados.

4. Los amantes del largo plazo

Realizan operaciones siguiendo lecturas propias, por lo que suelen invertir primero en capacitarse sobre finanzas para después operar. Apelan, eso sí, a consejos conservadores de largo plazo, como los que brindan inversionistas de la talla de Peter Lynch y Warren Buffett. No entran en pánico ante las caídas de los mercados y hasta pueden aprovecharlas para incrementar el número de activos de su cartera. Su estrategia preferida es comprar y esperar. Por lo tanto, juzgan necesario mantenerse actualizados en términos de conocimiento financiero para incrementar sus oportunidades de elegir activos con alto potencial de crecimiento y para identificar cada ciclo de mercado en que se encuentran, dado que un ingreso a destiempo puede significar años de espera en vano. Sus principales virtudes pasan por la planificación financiera, que –además de la selección misma de activos– implica un análisis concienzudo acerca de sus necesidades de ingresos en relación con sus gastos cotidianos y proyectados, y por la seriedad con que evalúan riesgos y retornos esperados. En este sentido, suelen privilegiar acciones de países estables y desarrollados.

5. Los sofisticados

Con años de experiencia en el mercado, e ingresos por trabajo o rentas cómodamente superiores a sus gastos, estos inversionistas generalmente prefieren concentrarse en unas pocas operaciones que conocen bien, en lugar de optar por la diversificación de los negocios. No destinan más del 20% de su capital a activos de riesgo; y cuando eligen alguno, suelen adquirirlo en plazos a fin de ir conociendo sus mañas. De esta forma, en caso de perder el capital orientado al riesgo, no sólo no quedarán cerca de la ruina, sino que acumularán nuevas experiencias para el futuro. "A veces se gana, otras se aprende", es una de sus frases de cabecera. Las pérdidas, dicen, son parte necesaria del camino hacia el éxito.

Los inversionistas de este tipo saben alcanzar rendimientos del 25% anual o superiores combinando diferentes operaciones para apalancar sus retornos. Por supuesto, estudian sobre temas e instrumentos financieros. Sus lecturas incluyen desde las secciones económica y financiera de los diarios hasta las publicaciones más recientes sobre inversiones y negocios. Además, se inscriben en cuanto seminario aparezca sobre el producto o tipo de activo que les interesa.

Por último, saben perfectamente que las crisis representan grandes oportunidades de inversión y compran activos cuando las ventas son generalizadas y golpean a todos los valores por igual. Claro está, cuentan con la suficiente reserva de dinero en efectivo como para encarar de la mejor manera estos fenómenos.

6. Los capitalistas

El objetivo de estas personas es incrementar su riqueza a partir de la utilización sinérgica de su capital, su talento y el conocimiento y tiempo ajenos. Para ellas no es utópico lograr retornos del 100% o más. Saben manejar el riesgo en lugar de eludirlo, y obtener ganancias incluso sin arriesgar capital, al menos en un principio. Crean un negocio y lo venden al mercado. O suelen ser accionistas mayoritarios (51%) de las empresas que se negocian en la Bolsa. Cuando las cosas andan bien, les va muy bien. Cuando todo se desploma, multiplican su fortuna en poco tiempo a sabiendas de que caos económico es sinónimo de nuevas oportunidades. Formar parte de este grupo es la aspiración de la mayoría y casi una obsesión para quienes con frecuencia repasan la historia de Microsoft y se entusiasman al leer que quien hubiese invertido 5.000 dólares en la empresa en 1984 hoy tendría más de un millón.

Primeras conclusiones

El aprendizaje es un juicio de poder.
Lo que en términos de acción efectiva no era
posible antes, logra ser posible después.

Rafael Echeverría

El primer paso para crecer como inversionistas es saber dónde estamos parados. El segundo, definir adónde queremos llegar. Recorrer el camino trazado sólo depende de nosotros, del compromiso que asumamos con el conocimiento de este apasionante mundo de las finanzas.

El coach financiero deberá ayudarnos a cambiar tanto como sea necesario al observador que llevamos adentro para ampliar nuestro abanico de acciones posibles en busca del resultado deseado. ¿Qué sentido tiene trabajar duramente toda la vida y elegir la "tranquilidad" que nos pueda brindar un banco o una compañía de seguros de retiro, si tenemos la posibilidad de estudiar, investigar y realizarles preguntas a distintos especialistas con el fin de alcanzar algún día la independencia financiera?

Por supuesto, nadie dice que sea sencillo. Sin embargo, es la única forma de llegar adonde queremos ir.

| Ejercicio 1 | COACHING ONTOLÓGICO |

La riqueza nace en nosotros. En base a la premisa Ser-Hacer-Tener, elabore el estado de su cuenta.

MIS ACTIVOS INTERNOS	MIS PASIVOS INTERNOS
(Todos aquellos pensamientos, emociones, ideas, hábitos, creencias, características de personalidad, habilidades, actitudes, situaciones contextuales, condiciones físicas, etc. que me dan fuerza o poder para ganar dinero)	(Todos aquellos pensamientos, emociones, ideas, hábitos, creencias, características de personalidad, habilidades, actitudes, situaciones contextuales, condiciones físicas, etc. que me restan fuerza o poder a la hora de ganar dinero)

MIS CONCLUSIONES:

Test 1	**COACHING FINANCIERO**

Responda considerando una escala de 1 a 5 puntos, donde 5 es la calificación más alta. Fundamente.

1. ¿Cómo se encuentra su economía personal?

....
....
....
....

2. ¿Qué nivel de compromiso asume con el manejo de su dinero?

....
....
....
....

3. ¿Qué tipo de investigación realiza antes de invertir su capital,
tomar un préstamo o prestar dinero?

....
....
....
....

4. ¿Cuán conforme está con su nivel actual de ingresos?

....
....
....
....

5. ¿Cuán conforme está con sus niveles actuales de ahorro y gastos?

....
....
....
....

6. ¿Cuán consciente es de lo que está detrás de sus hábitos de consumo?

```
..............................................................................
..............................................................................
..............................................................................
..............................................................................
```

7. ¿Hasta qué punto comprende el papel que juegan sus emociones en el manejo del dinero?

```
..............................................................................
..............................................................................
..............................................................................
..............................................................................
```

Diagnóstico

Obtenga un promedio simple de los valores anotados sumando los puntos de cada respuesta y dividiendo el total por 7.

De 1 a 2,50: usted no está conforme con el estado de sus finanzas, lo cual no necesariamente es malo. Ser autocrítico puede impulsarlo a capacitarse y perfeccionar sus conocimientos en materia de inversiones.

De 2,51 a 4: usted se encuentra medianamente conforme con el manejo de sus finanzas. Constituye un gran acierto iniciar el beneficioso camino de analizar y tomar decisiones propias. Eso sí, deberá profundizar el análisis sobre aquellos ítems que hayan recibido un valor menor que 4.

De 4,01 a 5: ¡Felicitaciones! Con seguridad, encontrará en este libro consejos útiles que sabrá complementar con sus conocimientos. Está claro que en su caso la independencia financiera no es considerada una utopía.

Ejercicio 2	**AUTOCONOCIMIENTO**

1. Elija y describa brevemente a seis personas conocidas por usted o públicas que se ajusten a cada uno de los niveles de inversionista descritos anteriormente siguiendo la clasificación de John Burley.

....
....
....
....
....

2. ¿Con cuál de los niveles se identifica usted hoy y por qué?

....
....
....
....
....

3. ¿En qué nivel desearía estar y por qué?

....
....
....
....
....

4. ¿Qué estrategia o acciones se le ocurre debe seguir para llegar a ese lugar?

....
....
....
....
....

| Test 2 | **SALUD FINANCIERA** |

La salud financiera se vincula con el estado de nuestras finanzas personales y su evolución depende de cuán eficientes seamos en la administración de los gastos y los ingresos corrientes y extraordinarios.

A partir del éxito de ventas de libros destinados a ayudarnos en el manejo de nuestras cuentas e inversiones, muchas creencias relacionadas con las finanzas personales se desmoronan y dan lugar a nuevos saberes, generalmente más apropiados para la época.

De todos modos, ninguna acción efectiva puede llevarse adelante sin saber desde dónde se parte. De allí, la importancia de este test que le proponemos completar, punto de partida hacia una vida financiera sana y saludable donde el dinero es visto como un medio para disfrutar de la vida y no una preocupación constante.

¡Adelante!

Preguntas

1. ¿Qué porcentaje aproximado de sus ingresos mensuales ha ahorrado el último año?

   a. 40% o más.
   b. Entre 10 y 39%.
   c. Menos de 10%.
   d. No he podido ahorrar.

2. ¿Cuántas veces en el último año debió suspender el uso de su tarjeta de crédito por haber llegado al límite de gastos mensual?

   a. Entre 1 y 3 veces.
   b. Nunca/No poseo tarjeta de crédito.
   c. Más de 6 veces.
   d. Entre 4 y 6 veces.

3. ¿Cuántas tarjetas de crédito posee actualmente?

   a. 2.
   b. 3.
   c. Más de 3.
   d. Ninguna o 1.

4. Si llegase a perder su fuente principal de ingresos, ¿cuánto tiempo estima que podría sobrevivir sin tener que pedir dinero prestado?

    a. Ni una semana.
    b. Más de un año.
    c. Entre 6 meses y un año.
    d. Un par de meses.

5. ¿Qué porcentaje de los gastos mensuales financia con tarjeta de crédito?

    a. Entre 10 y 20%.
    b. Entre 20 y 30%.
    c. Más de 30 %.
    d. 0%. Pago en el momento el total de lo consumido.

6. Si llegase a surgir un gasto inesperado medianamente importante, como una reparación costosa del auto o de la casa, ¿de dónde sacaría los fondos para afrontarlo?

    a. Suspendiendo distintos gastos corrientes del mes.
    b. De mis ahorros.
    c. No podría afrontarlo.
    d. Pediría prestado.

7. ¿Con qué frecuencia en los últimos seis meses analizó detenidamente su situación financiera y su plan de retiro y tomó decisiones de inversión?

    a. Semanalmente.
    b. Mensualmente.
    c. Trimestralmente.
    d. No he tenido tiempo para ello.

8. ¿Ha creado y actualizado en los últimos seis meses una planilla de excel con sus ingresos y egresos totales?

    a. Sí, la utilizo habitualmente para llevar un control de mis finanzas.
    b. No lo he hecho, pero llevo en mi cabeza los números a grandes rasgos.
    c. No, siento que no me hace falta.
    d. Sí, pero prácticamente no la uso.

9. En la última gran compra que realizó, lo primero que consideró fue:

    a. el gasto a realizar en función de la relación cuota a pagar/ingresos mensuales;
    b. el gasto a realizar en función del dinero disponible;
    c. no he realizado mayores consideraciones;
    d. nuevos préstamos a obtener para pagar la compra.

10. ¿Cómo encuentra su situación financiera actual en relación con la de un año atrás?

    a. Mucho mejor y con buenas perspectivas.
    b. Igual.
    c. Algo mejor.
    d. Peor.

11. ¿Cuál de estas afirmaciones se ajusta más a su realidad?

    a. Varias veces olvido o no puedo pagar mis cuentas en fecha, pero luego termino haciéndolo.
    b. Es muy raro que olvide pagar alguna cuenta.
    c. Es muy común que no pueda pagar mis cuentas a tiempo y se me acumulen deudas e intereses.
    d. Siempre pago mis cuentas antes del vencimiento.

12. ¿Qué sucedió la última vez que aumentaron su sueldo o sus ingresos corrientes?

    a. Aumenté mis gastos pero destiné una parte al ahorro.
    b. Seguí viviendo con mi antiguo salario/ingreso y ahorré la diferencia.
    c. Por alguna razón, mis gastos aumentaron más que mis ingresos.
    d. Incrementé mis gastos en aproximadamente la misma proporción.

13. Cuando piensa acerca de sus deudas, ¿cuál es la primera sensación que tiene?

    a. De tranquilidad porque se encuentran bajo control.
    b. De temor porque no sé cómo voy a pagarlas.
    c. De pánico. La verdad, prefiero no pensar.
    d. Ninguna. No tengo deudas.

Calcular el puntaje final según el valor de cada respuesta:

1. a. 4 puntos, b. 3 puntos, c. 2 puntos, d. 1 punto.
2. a. 3 puntos, b. 4 puntos, c. 1 punto, d. 2 puntos.
3. a. 3 puntos, b. 2 puntos, c. 1 punto, d. 4 puntos.
4. a. 1 punto, b. 4 puntos, c. 3 puntos, d. 2 puntos.
5. a. 3 puntos, b. 2 puntos, c. 1 punto, d. 4 puntos.
6. a. 3 puntos, b. 4 puntos, c. 1 punto, d. 2 puntos.
7. a. 4 puntos, b. 3 puntos, c. 2 puntos, d. 1 punto.
8. a. 4 puntos, b. 2 puntos, c. 1 punto, d. 3 puntos.
9. a. 3 puntos, b. 4 puntos, c. 2 puntos, d. 1 punto.
10. a. 4 puntos, b. 2 puntos, c. 3 puntos, d. 1 punto.
11. a. 2 puntos, b. 3 puntos, c. 1 punto, d. 4 puntos.
12. a. 3 puntos, b. 4 puntos, c. 1 punto, d. 2 puntos.
13. a. 3 puntos, b. 2 puntos, c. 1 punto, d. 4 puntos.

Diagnóstico

De 13 a 20 puntos: su salud financiera pende de un hilo muy fino. Es necesario que con carácter de urgencia tome cartas en el asunto, invierta más tiempo en formarse en el mundo de las finanzas y reduzca su nivel de endeudamiento.

De 21 a 38 puntos: su salud financiera se muestra en principio bien, aunque es necesario fortalecerla con la gimnasia que implica la lectura de temas relacionados y la planificación de ingresos y gastos a largo plazo. Tiene mucho por mejorar.

De 39 a 52 puntos: su salud financiera se encuentra en buena forma. Tiene claro cómo manejarse con el dinero y no se tienta fácilmente con anzuelos del tipo "bajo interés" o "cómodas cuotas". Si sigue este camino, podrá disfrutar de un retiro temprano y exitoso.

Ejercicio 3	**PLAN FINANCIERO**

Piense en su crecimiento financiero.

1. Describa su situación financiera actual

....
....
....
....
....

2. Establezca metas financieras

   a. De corto plazo (12 meses)

....
....
....
....
....

   b. De largo plazo (5 años)

....
....
....
....
....

Ejercicio 4	**EQUILIBRIO ESPIRITUAL**

Para mantenerse equilibrado y actuar con claridad, es clave conocer los propios objetivos. Por eso lo invitamos a escribir sus metas para las siguientes áreas de la vida.

Ser: metas espirituales, con uno mismo.
Gente: metas con los demás, las personas que más le importan.
Tiempo: metas de organización.
Dinero: metas económicas.
Cuerpo: metas físicas.
Cerebro: metas intelectuales, lecturas, estudios, aprendizajes.

Obsérvese y conózcase a partir de sus metas, reflexionando sobre cada una.

Por último, cierre los ojos e imagínese con esas metas cumplidas dentro de unos cinco años. Acercándose a su hogar, ingresando. ¿Qué es lo primero que ve? ¿Qué sonidos oye? Imagínese viviendo una vida de equilibrio en lo económico, lo espiritual, lo social y lo emocional. Disfrute del placer que le genera esa sensación y repita a diario el ejercicio durante los próximos tres meses. ¡Va a sorprenderse con los resultados!

2. ¡VIVAN LAS EMOCIONES!

Introducción

Las siguientes páginas girarán en torno a las emociones y su influencia sobre las decisiones financieras.

Al comienzo analizaremos el peso de sensaciones tan frecuentes como el miedo y la euforia en nuestro vínculo con el dinero y reflexionaremos acerca de su rol en la crisis hipotecaria surgida en los Estados Unidos y propagada en distintas formas por todo el mundo.

Más adelante, dos relatos de ficción nos invitarán a adentrarnos en el mundo de los operadores y los administradores de cartera, siempre atentos a la presencia de las emociones en un ámbito que desde afuera se imagina frío y dominado por el cálculo, aunque la realidad indique muchas veces lo contrario.

Y para finalizar, un análisis sin desperdicio del "fenómeno Kiyosaki", donde mencionamos tanto las enseñanzas que nos ha sabido dejar el autor más popular de la autoayuda financiera, como sus debilidades o falencias.

El capítulo cuenta con numerosos y variados ejercicios que, al confundirse entre los textos, enriquecen y agilizan la lectura. Para no perdérselo, el Test de compatibilidad financiera de parejas. ¡Si está listo para casarse, sépalo ahora! ¡Si le conviene separarse, también!

Juegan las emociones

Aceptar el peso de las emociones al momento de invertir implica asumir una postura crítica respecto de dos ideas muy difundidas en la comunidad financiera: la que sostiene que las personas actúan siempre con frialdad buscando obtener los máximos beneficios con el menor riesgo posible, y la vieja mirada dicotómica que opone razón a pasión y que censura todo sentimiento por considerarlo perjudicial para el inversionista.

Las emociones, en rigor, resultan tan inevitables como necesarias, y el quid de la cuestión no reside en negarlas sino en reconocerlas para controlarlas y ponerlas al servicio de las buenas inversiones. ¿Cómo no aceptar, por ejemplo, el rol protagónico del miedo en los mercados, si en Google aparecen más de 30 millones de entradas con esa palabra? ¿O de la euforia, que cuenta con más de 5 millones?

Quienes operamos a diario sabemos lo mucho que cuesta poner en práctica aquello de "comprar cuando todos venden y vender cuando todos compran". Sabemos cuán difícil es evitar que en los derrumbes bursátiles el pánico nos domine y nos impulse a vender todo lo que poseemos a precios de remate. O eludir la euforia cuando en medio de una burbuja nos sentimos reyes de las finanzas que visten ropas tan bellas como irreales.

El terror que paraliza

En lo que refiere al miedo, recientes investigaciones científicas determinaron que el cerebro reacciona de la misma manera cuando se teme una pérdida monetaria que cuando se percibe la posibilidad concreta de sufrir un daño físico, y que despierta la necesidad primaria de defenderse. Y defenderse, al menos en estos términos, implica desentenderse en buena medida de la razón.

En su libro *Piense y hágase rico*, Napoleón Hill menciona distintas formas de manifestación de ese temor en la conducta del inversionista: se paraliza la facultad de razonamiento, no se encuentran incentivos para tomar la iniciativa y desaparece toda posibilidad de autocontrol.

Aquí añadimos otras consecuencias íntimamente relacionadas con las citadas.

- Indiferencia: se toma como natural la pérdida o escasez de dinero y la falta de ambición domina a la persona, que comienza a experimentar pereza mental y física, ausencia de iniciativa, entusiasmo e imaginación.

- Delegación: se convierte en hábito aquello de dejar que los demás piensen por uno, de mantenerse al margen de las decisiones, dado que uno nada puede hacer para cambiar el rumbo de los acontecimientos.

- Incertidumbre: se generalizan las dudas y aparecen excusas que le permiten al inversionista evadir la responsabilidad de tomar decisiones.

- Pesimismo: se presta atención sólo a las malas noticias y al evaluar cada operación se piensa únicamente en la posibilidad de fracasar. Esta conducta es irritante: quien la asume parece conocer todos los caminos que conducen a la ruina, pero nunca elabora planes para sortearlos. A la hora de invertir, la espera del "momento adecuado" se hace eterna y la inacción domina la escena.

Por supuesto que el círculo vicioso en que nos introduce este miedo asfixiante tiene escapatoria. Para encontrarla se recomienda convertirse en un detective de los propios sentimientos negativos, formulándose preguntas del tipo: "¿Existe realmente la posibilidad de que pierda todo mi dinero y caiga en la pobreza? ¿Poseo un fondo de reserva para vivir seis meses en caso de que esto ocurriese? Pasados esos seis meses, ¿contaría con gente dispuesta a ayudarme? ¿Cuánto tiempo tardaría en volver a valerme por mis propios medios?".

También, llevar un "diario personal de inversiones" donde se anoten no sólo las operaciones evaluadas o realizadas, sino también las emociones que emergen con ellas. Y, por supuesto, mantener una postura analítica pero escéptica hacia esas teorías que cobran fuerza en épocas de mercados alterados, sea por subas pronunciadas o por caídas que no encuentran final.

Recordamos, entre otras, las teorías cíclicas que pretenden fijar un tiempo de duración a la tendencia alcista y otro a la bajista en base a promedios históricos de algún índice, las teorías de calendario que recomiendan comprar activos en octubre y venderlos en mayo porque de acuerdo con las estadísticas entre esos meses los rendimientos han resultado superiores a los del resto del año, las teorías conspirativas que persiguen generar derrumbes en base a pronósticos agoreros extrañamente difundidos por los mismos que poco tiempo antes celebraban el alza de los precios, las teorías del "efecto mariposa" basadas en la premisa de que lo que sucede en un país del mundo inevitablemente terminará repercutiendo en otro lejano aunque de características parecidas y las teorías climáticas que auguran para las acciones de los países cálidos rendimientos más bajos por ser sus industrias supuestamente menos productivas que las de los países fríos.

La euforia del superinversionista

Definitivamente, si el terror paraliza, el optimismo devenido en euforia enceguece. El comportamiento más tonto del
mundo es comprar acciones porque están subiendo de precio, afirma el multimillonario Warren Buffett, un mito vi-
viente entre los gurúes del mercado. Pese a tratarse del comportamiento más tonto, es uno de los más usuales y el
principal motor en la formación de una burbuja financiera, fenómeno que Robert Shiller define como la situación
temporal en la que los altos precios de los activos se encuentran sustentados largamente por el entusiasmo de los
inversionistas y analistas, y no por valuaciones reales.

Ambición desmedida mediante, podríamos decir que
una burbuja se forma cuando en tiempos de subas de activos se generaliza aquella creencia de que la Bolsa constituye "el único juego en la ciudad", es decir, el único ámbito
donde es posible obtener importantes ganancias sin mayores esfuerzos.

La creencia se ve reforzada tanto por la amplia difu-
sión que alcanzan asombrosas historias sobre individuos
que supieron amasar fortunas gracias a su valiente pero
simple decisión de apostar por el mercado, como por el
dato fáctico provisto por algún vecino, quien –como es posible que suceda durante ciclos alcistas– obtuvo más dinero en el último mes invirtiendo que si hubiera trabajado
todos los días.

Retornando al mundo de las emociones, muy probablemente esta última situación genere una sensación doloro-
sa que tenderá a disminuir el ego y lo impulsará en la búsqueda de cierto acto de justicia financiera, por ejemplo, la
propia participación en ese mercado arrasador.

Tan fuerte es el deseo de participar que el individuo podría incluso tolerar la idea de sufrir pérdidas iniciales con
tal de no verse marginado del juego cuando se produzcan

nuevas alzas y sus conocidos embolsen suculentas ganancias producto de inversiones inteligentes.

En su arrebato, pensará junto con mucha otra gente que la brillante performance de un activo en los años previos no hará otra cosa que mantenerse. ¿Cuál es la idea de fondo? Si una acción viene subiendo, es porque existe cierta información positiva que sólo manejan los especialistas, quienes además conocen el paño y saben lo que hacen.

Por supuesto, esta lectura no es exclusiva de quienes experimenten dolor por no haber participado inicialmente del incremento de precios, ni siquiera de aquellos que se quedaron afuera pero no se vieron afectados emocionalmente. Más bien, la ambición y la euforia dominan la escena y alteran la percepción del común de los actores acerca de los retornos futuros que ofrecerán los activos financieros.

Por ello, pese a que en numerosos estudios y artículos se buscan explicaciones para el fenómeno y se trata de prevenir a los inversionistas, las burbujas siguen apareciendo y estallando, en una demostración de que existen comportamientos difíciles de desterrar con palabras, y que la compra de acciones generalmente se vuelve más tentadora cuando estas suben que cuando bajan.

Es extraño lo que sucede a nivel social. En estas circunstancias se produce un "pacto de negación" entre inversionistas y analistas financieros, quienes en su mayoría rechazan la idea del fenómeno netamente especulativo y buscan justificar científicamente la exuberancia de los precios mientras actúan especulando con nuevas subas hasta el cielo.

Entre las razones fundadas se encuentra aquella que indica que los precios del momento resultan superiores a los pronosticados en el pasado, lo que lleva a muchos expertos a suponer un cambio de filosofía en el público inversionista, que pareciera haber comprendido las bondades del mercado de capitales y, en particular, de las acciones, en conjunto más rendidoras y menos riesgosas que otros activos financieros.

Claro está que ese conjunto de saberes que sustenta las compras y aplaude a las masas en su camino hacia la cresta de la ola, termina resultando incapaz de predecir un final que deja malheridos a quienes no supieron encontrar los suficientes incentivos para gozar de los beneficios acumulados antes del crac.

La dinámica en la formación de burbujas

Burbujas ha habido muchas y de todas las especies: vinculadas con los tulipanes en la próspera Holanda del siglo XVII, con las aventuras comerciales de barcos ingleses en aguas sudamericanas durante el siglo XVIII y, mucho más aquí en el tiempo, con fenómenos de sobreproducción de bienes y emisión monetaria descontrolada, con precios de inmuebles en franco ascenso y con Internet y su enorme potencial de crecimiento.

No obstante su variedad, presentamos aquí una brevísima descripción del desarrollo del tipo ideal de burbuja que nos servirá para mantenernos alertas desde un comienzo y desconfiar, entre otras cosas, de las recomendaciones de los expertos, sobre todo cuando el vínculo entre estos y los interesados en vendernos los activos en danza no es transparente. La mecánica sería la siguiente.

- En primer turno, la compañía emisora de las acciones promete altos dividendos y convence al mercado a partir del aval de una calificadora de riesgo, contratada para la ocasión. Los primeros inversionistas basan su decisión de compra en las proyecciones difundidas, exageradas adrede.

- Luego, la empresa destina una parte de los ingresos obtenidos por la venta de acciones al público a pagar los dividendos prometidos. Utiliza ese pago como evidencia de su supuesta gran performance para sostener el valor de las acciones, y crece en popularidad.

- El tercer paso se cumple con una nueva venta de parte del paquete accionario en la Bolsa, esta vez a precios más altos, semejantes a los de la cotización de sus títulos en manos del público. La exitosa ocasión es imitada por otras compañías, que de esta forma consiguen buena financiación vendiendo caras sus acciones.

- La empresa vuelve a pagar los dividendos proyectados originalmente con parte del dinero recaudado en las emisiones y repite el proceso de colocación de acciones, cada vez a precios más altos.

- La estrategia continúa hasta que la empresa ya no puede pagar los dividendos prometidos y le resulta perjudicial continuar vendiendo acciones en el mercado para financiarse. Los inversionistas entienden que la tendencia alcista se ha terminado, se disparan las ventas, desaparece la demanda y los precios de las acciones se desploman.

- Finalmente, la calificadora recuerda tarde su rol para el público inversionista y decide advertir sobre el riesgo de adquirir acciones de la compañía. Los más perjudicados resultan ser aquellos que adquirieron los papeles en los días previos al quiebre de la tendencia, ilusionados con la suba imparable de las acciones. Los más beneficiados, los inversionistas iniciales que salieron a tiempo.

La gran estafa

Le propongo ahora asociarnos en un negocio virtual muy simple y muy redituable, aunque de dudosa "calidad ética". Elijamos un mercado cualquiera y utilicemos la imaginación para ver la manera de hacerle creer a los medios de comunicación y a los expertos con más llegada al público inversionista que los activos están baratos y que las ganancias de quienes apuesten por ellos pueden ser siderales.

Realicemos unas primeras operaciones entre nosotros para convalidar alzas importantes de precios con el objetivo de afianzar la idea de que el mercado promete rentabilidades astronómicas. Mantengámonos atentos al comportamiento del público y cuando notemos que su atención crece lo suficiente, armemos algún instrumento derivado sobre los activos que comercializamos, tan complejo que resulte difícil de comprender y que nos permita valuarlo e imponer esa valuación como la verdadera en el mercado.

Una vez que tenemos ese producto enlatado, vendámoselo a los inversionistas desinformados, ansiosos por operar en un mercado alcista. Permanezcamos en él sacándole el máximo jugo posible y cuando veamos que la situación no da para más, vendamos todos los enlatados que nos quedan e invirtamos el dinero en los bonos del Tesoro de los Estados Unidos, considerados los más seguros del mundo por ser justamente ese país el emisor de los dólares.

Finalmente, descorchemos un champagne de los buenos mientras vemos desde afuera cómo la burbuja que creamos irremediablemente y en cuestión de días explota con violencia.

Por el bien de todos, espero que no a muchos de ustedes les haya interesado la propuesta. Esta modalidad de estafa, donde inversionistas informados se aprovechan de la codicia de otros desinformados, se parece mucho a la que todavía estamos padeciendo en el mundo, vinculada con la crisis de las hipotecas *subprime*, destinadas a personas que no cumplen los requisitos necesarios para obtener un préstamo en condiciones normales.

Bastante antes de que estallara esa crisis en 2008, devenida en "crisis financiera mundial", en una nota publicada en el sitio de la revista *Inversor Global* (www.inversorglobal. com.ar) y titulada "La gran estafa", me hacía eco de las advertencias que varios colegas realizaban desde los Estados Unidos, donde observaban atónitos cómo inmigrantes indocumentados compraban casas de 500.000 dólares. ¿Quiénes financiaban ese negocio filipino? Los inversionistas codiciosos y desinformados.

Comprendamos el fraude a partir de un caso típico. El cuento dice más o menos así: John M. posee una casa que para el mercado vale 300.000 dólares. Pedro S. es un inmigrante que llegó hace poco a los Estados Unidos buscando ganarse la vida de alguna manera. John contacta a Pedro y le ofrece 20.000 dólares para venderle su casa en 500.000 financiada totalmente por el banco X a una tasa del 7% anual. John le vende la casa a Pedro. Obtiene 480.000 dólares, se jubila y se va al Caribe de vacaciones. Pedro toma posesión de la casa y la disfruta hasta que se la rematen y lo deporten con "20 de los grandes" en la mano.

Creo que no hace falta ahondar en los incentivos de John y Pedro para realizar la operación, pero la pregunta que sí cabe hacerse refiere a por qué el banco decide prestar medio millón de dólares para comprar una casa que vale 200.000 menos para el público, sabiendo que nadie pagará por la cuota y que la propiedad deberá ser rematada a un precio todavía inferior al de mercado. La respuesta es simple: porque sabe que puede pasar la bomba bellamente adornada –o enlatada– a otros para encontrarse lo más lejos posible cuando explote.

Repasemos la historia reciente: en 2002 los tipos de interés que fija la Reserva Federal (el Banco Central de los Estados Unidos) rondaban el 1%, un nivel que se mantuvo durante varios años y que le permitió a bancos y *brokers* norteamericanos fondearse fácilmente y obtener altos retornos colocando ese dinero a tasas más altas.

La ecuación era la siguiente: el banco podía tomar dinero de la Reserva Federal al 1% y colocarlo al 7% en préstamos hipotecarios. Entonces, cuando un cliente le solicitaba 300.000, el banco le ofrecía 500.000 y armaba un producto enlatado conocido como CDO (*collateralized debt obligations*) donde incluía esa acreencia y el resto de la cartera de deudores. De esta forma, sin comprender la naturaleza del producto, el inversionista que compraba los CDOs porque los veía subir de precio, asumía el riesgo de no cobro de las hipotecas y las potenciales pérdidas por la diferencia entre el dinero prestado para pagar los inmuebles y el que se pudiera obtener mediante los remates.

La codicia es quizá uno de los sentimientos más peligrosos que pueden experimentarse en el ámbito de las finanzas. Cuando los bancos comenzaron a vender los CDOs en el mercado y estos no sólo no explotaban sino que subían de precio, aun conociendo el fraude que escondían, las entidades financieras decidieron quedarse con algunos en cartera especulando con que las condiciones macroeconómicas seguirían siendo favorables para ellos y el valor contable de los CDOs continuaría subiendo.

Sin embargo, todo cambió muy rápidamente con la fuerte suba de los tipos de interés dictaminada por la Reserva Federal. Se deterioró el mercado inmobiliario en los Estados Unidos y la crisis alcanzó a varios de sus promotores, aun con CDOs en sus manos, dado que los bancos se vieron obligados a contabilizar esos enlatados a valor de mercado. Millones de inversionistas, invadidos antes por la euforia del alza de precios, se perdieron en el pánico y ayudaron a amplificar la crisis hasta niveles entonces insospechados.

Consejos prácticos para el inversionista abrumado

Si repasamos los pronósticos previos al estallido de la crisis *subprime* u otras crisis, notaremos que la mayoría estaban errados y comprenderemos que el mercado no suele obedecer las predicciones de los especialistas, muy a pesar de quienes las leemos a diario.

En un mundo inundado de teorías como las que mencionamos más arriba, tan exóticas como difíciles de probar, con analistas cuyos informes se parecen demasiado al discurso de un paciente con esquizofrenia y con ejecutivos de cuenta que pretenden vender constantemente productos financieros híper complejos e inservibles, sólo logrará sus objetivos el inversionista que sepa reconocer y controlar sus emociones y seguir ciertas reglas prácticas, como las que, a modo de ejemplo, mencionamos a continuación.

1. Mantener en caliente las decisiones tomadas en frío.

El error más común que cometen los inversionistas inexperimentados es cambiar totalmente una postura asumida con la mente fría una vez que la ruleta comienza a girar. Realizan una evaluación seria del activo que les interesa, a veces durante días. Delimitan zonas de compra y de venta. Proyectan estrategias en base a posibles movimientos futuros, etc. Pero una vez ejecutada la compra, abandonan toda conclusión previa y actúan siguiendo sus impulsos. Pensemos un ejemplo: tras analizar exhaustivamente el gráfico y los fundamentos más importantes de la empresa XYZ, Juan decide comprar 2.000 acciones a 30,30 cada una. El mercado abre en baja y XYZ toca el precio establecido de compra, pero Juan no ejecuta la orden por temor a que la caída termine siendo más pronunciada que lo previsto en su análisis. Al día siguiente, observa cómo XYZ rebota y se confirman sus predicciones. Se siente frustrado por no haber actuado y apura la compra de acciones sin realizar el análisis necesario. Los papeles bajan y vende a pérdida sin esperar un nuevo rebote, con lo que ingresa en una cadena de errores de la que sólo saldrá si controla sus emociones.

2. Guardar la intuición para el momento de practicar la astrología.

Apelando a la intuición, seguramente muy pocos ganen en los mercados. Si se decía que Warren Buffett la tenía, hemos visto en numerosas publicaciones especializadas cómo la crisis desatada en 2008 lo afectó más que a muchos otros multimillonarios adeptos a las inversiones financieras. ¿Será usted uno de esos afortunados? Puede averiguarlo invirtiendo pequeñísimos montos durante un mes en base a su intuición. Si resulta beneficiado, observe si no operó en un mercado alcista donde todas las acciones subieron de precio. He conocido muchos inversionistas que operaban siguiendo su intuición y me llamaban para contarme cuánto dinero sabían hacer en poco tiempo. Cuando el mercado retrocedía, era yo quien los llamaba, pero nunca los encontraba. Sin dinero, decidían regresar a su trabajo anterior.

3. Respetar el espíritu de la operación.

"El inversionista de largo plazo es aquel de corto que erró el pronóstico", sostiene una frase popular en el mundo financiero. Suele ocurrir que quien compra acciones de una empresa pensando en obtener retornos interesantes en pocos días o semanas, las mantiene si la suba no resulta tan pronunciada o si los precios bajan. Así encontramos a quienes llevan meses o años acumulando papeles y esperando que al menos recuperen su precio inicial para venderlos, si es que llegado el momento cumplen con su palabra y no los mantienen especulando nuevamente con lograr algún rédito. "Como el viento, el mercado suele llevarse las hojas que flotan por el aire sin rumbo decidido", reza otra frase más poética y menos conocida.

Los movimientos del mercado responden fundamentalmente a emociones que guían razonamientos y conductas. Sabernos seres emocionales nos permitirá comprender en qué grado y de qué manera nuestros sentimientos nos llevan hacia un activo determinado y en qué metas pensamos cuando lo adquirimos. Así, una vez tomada la decisión de compra en base a argumentos relativamente sólidos, no debemos permitir que nuevos sentimientos diferentes de los originales nos obliguen a modificar nuestra postura sin otro sustento que el miedo o la euforia.

| Ejercicio 1 | **AUTOCONOCIMIENTO** |

Descubra creencias y emociones con respecto al dinero y la prosperidad. Tómese unos minutos para reflexionar y responder.

1. Su mayor miedo con relación al dinero es:

....

....

....

....

2. ¿Qué aprendió de niño sobre el dinero?

....

....

....

....

3. ¿Qué ideas tenían sus padres sobre el dinero?

....

....

....

....

4. ¿Cómo manejaban las finanzas en la familia?

....

....

....

....

5. ¿Cómo maneja actualmente su dinero?

....

....

....

....

6. ¿Siente que debería cambiar algunas ideas sobre el dinero? ¿Cuáles?

....

....

....

....

7. ¿Cuán digno se siente de tener dinero y disfrutar de él?

....
....
....
....

8. ¿Qué resultados obtuvo a partir de sus creencias?

....
....
....
....

9. ¿Qué ocurriría si renunciara a las ideas citadas en el punto 6?

....
....
....
....

10. ¿Qué emociones observa en usted cuando realiza una inversión?

....
....
....
....
....

11. ¿Qué emociones percibe cuando adquiere un bien para consumo?

....
....
....
....

12. En relación con el dinero, se critica por:

....
....
....
....

13. Y se elogia por:

....
....
....
....

Dos semanas en la vida de un *trader*

Viernes 5 de mayo de 2006

Son las 9.00 mañana de un viernes soleado en Buenos Aires. Me encuentro sentado en un café del barrio de Belgrano leyendo estudios de mercado en mi notebook. El próximo lunes tengo pensado comenzar a invertir en el mercado financiero de los Estados Unidos un capital que reúne dinero de familiares, amigos y ahorros personales. Con ese objetivo, abrí la semana pasada una cuenta operativa en un importante *broker online* fondeada con 225.000 dólares.

El cambio que le he dado a mi vida laboral me hace sentir un poco ansioso: recientemente renuncié a mi trabajo de *trader* en una mesa de dinero de una sociedad de Bolsa local para iniciarme como operador independiente. Mi plan es sumarme a la creciente legión de *self investors* (o, como me gusta decir, inversionistas autodirigidos) y especular en el corto plazo en el mercado accionario comprando y vendiendo papeles desde mi computadora hogareña.

En base a mi experiencia laboral, mi licenciatura en economía, una gran cantidad de cursos realizados en forma presencial y por Internet sobre temas financieros y otro número considerable de lecturas de libros y revistas sobre Bolsa, me sentí capacitado para dar el gran salto. Mientras pienso esto y sueño con un futuro promisorio, miro hacia la calle y observo a la gente que pasa apurada rumbo a su trabajo.

De inmediato vuelvo a mí y antes de pedirle al mozo otro café, decido armar un listado de reglas que cumpliré a rajatabla a partir del mismo lunes. Serán mis "Diez mandamientos":

1. No negociar acciones de empresas individuales sin tener pleno conocimiento de la operatoria. Comenzar negociando ETF.

2. Ser paciente. No efectuar operaciones de más.

3. No permitir que las ganancias se transformen en pérdidas.

4. No promediar a la baja. No acumular títulos si la posición está arrojando pérdidas.

5. Operar según la tendencia. Esta es mi amiga.

6. Confeccionar un plan y atenerme a él.

7. No efectuar operaciones basadas en datos provistos por amigos o conocidos. Seguir la tendencia, y no los consejos de otros.

8. En caso de duda, salir del mercado.

9. Utilizar órdenes *stop loss* si es necesario.

10. Dejar correr las ganancias y frenar las pérdidas.

Decido además anotar en un diario personal cada operación que realice y las sensaciones que vayan surgiendo en cada jornada. Eso, porque pienso que la psicología es un factor clave a la hora de invertir y quiero que juegue a mi favor.

Redactados los mandamientos, observo que son las 12.30. Renuncio al segundo café y paso directamente al almuerzo. Pienso leer allí varios informes sobre el BRIC (los mercados de Brasil, Rusia, India y China) que acaban de llegarme por mail.

Domingo 7 de mayo

Ya es de noche en la ciudad. Son las 21.05, para ser más preciso. Me conecto desde la PC de mi nueva oficina, el cuarto de huéspedes del departamento donde vivo con mi novia. Quiero saber cómo abrieron los mercados asiáticos. In-

greso primero a www.bloomberg.com y luego a http://
finance. yahoo.com/intlindices?e=asia.

Tanto Japón como Nueva Zelanda y Australia operan
sin grandes cambios. En el mercado de futuros, el oro sufre una fuerte presión bajista, movimiento que interpreto
como una señal de disminución en la percepción del riesgo geopolítico por parte de los inversionistas. Me parece
un buen momento para armar de a poco un portfolio BRIC
comprando ETFs (también conocidos como "fondos cotizados" y dóciles en su manejo como una acción) de estos cuatro países con alto potencial de crecimiento.

La gigantesca demanda de bienes de China seguirá es-
timulando el crecimiento económico mundial y sostenien-
do el alza de los commodities. Tanto Rusia como la India
son exportadores netos y no estaría mal comenzar invirtiendo en esos países. Me refuerza esa idea el hecho de que un
potencial cliente que visité el sábado me mostró su portfolio actual, fuertemente posicionado en BRIC y con ganancias siderales.

Con el fin de averiguar más sobre instrumentos disponibles para operar acciones de Rusia y la India, escribo en
el navegador la dirección www.etfconnect.com y estudio los
ETFs que buscan replicar el movimiento de sus principales
empresas: TRF (Templeton Russia Fund) e IFN (The India
Fund).

El volumen promedio diario de TRF es de 70.000 acciones. Multiplicado por su cierre del viernes a 92,50 dólares
por acción, hablamos de aproximadamente 6,5 millones de
dólares operados por día. IFN, por su parte, negocia en promedio unas 650.000 acciones por rueda. Multiplicadas por
su precio de 61,85 dólares, el resultado arroja más de 40
millones de dólares diarios.

Entendiendo que no hay problema con el volumen que
operan estos ETFs, ingreso en www.bigcharts.com y analizo
sus gráficos: aunque la tendencia al alza es muy firme, los

papeles se encuentran en sus máximos históricos y eso en principio me asusta. Pero no sin razón digo para mis adentros: "Vienen subiendo fuerte desde 2003. El operador que estudió estos instrumentos en 2004 o 2005 y no compró porque entonces estaban cerca de sus máximos, se perdió toda la suba posterior". Y añado, de inmediato, la cuota de optimismo necesaria para continuar con el análisis: "No puedo tener tanta mala suerte como para que justo cuando yo compro cambie una tendencia de tan largo plazo".

Repaso entonces los mandamientos y armo el siguiente cuadro:

Regla número	Situación
1	OK
2	No aplica
3	No aplica
4	No aplica
5	OK
6	OK
7	OK
8	No aplica
9	No aplica
10	No aplica

El gráfico ciertamente me gusta y con el volumen no hay problema. Mastico la idea unos minutos y ¡zas!, mi novia me llama por tercera vez para cenar. Son ya las 22.30. Me espera un día importante. Apago la computadora y me desconecto por unas horas.

Lunes 8 de mayo

9.00. Inicio mi primer día de trabajo como operador independiente. Chequeo el cierre de los mercados asiáticos y observo que no hubo grandes cambios. Ingreso en http://finance.yahoo.com/intlindices?e=europe para ver cómo está operando Europa, principalmente los índices DAX de Alemania y FTSE 100 de Inglaterra, ambos en verde. Me dirijo luego a http://money.cnn.com/ y a http://www.marketwach. com/, mis dos sitios preferidos sobre noticias financieras. Como no se publicarán datos macroeconómicos durante el día, se espera que los mercados operen sin demasiada volatilidad. Pienso entonces qué sentido tiene esperar para actuar. Si mi análisis indica que debo comenzar a construir el portfolio, ¿por qué no hacerlo? Decido poner el dedo en el gatillo para disparar órdenes apenas se inicien las operaciones.

10.30. Abre el mercado. El Dow Jones Industrial ha cerrado el viernes en 11.577,74 puntos y abre en 11.576,37, prácticamente sin cambios. IFN abre en 63 dólares, 1,85% por encima del cierre previo (61,85) y TRF comienza negociándose a 92,75, 0,27% arriba de los 92,50 del cierre del viernes. Decido mantenerme atento para comprar un poco más abajo, obedeciendo al mandamiento número 2.

12.05. Se produce una corrección en el mercado. Momento justo de compra. Cargo las siguientes órdenes:

Orden	Especie	Cantidad	Precio	Comisión	Total
Compra	IFN	1.259 acciones	62,55	10 usd	78.760 usd
Compra	TRF	850 acciones	92.60	10 usd	78.720 usd

157.480 usd Total

A los pocos segundos, aparece un mensaje en el *ebox* de la cuenta que confirma que las operaciones fueron ejecutadas a los precios solicitados. Algo acalorado, transpiro unos segundos. Acabo de realizar mi primera operación de "cartera propia" invirtiendo el 70% del total del capital disponible en dos activos y conservando líquido el 30% restante. En consecuencia, mi portfolio queda armado de la siguiente manera:

Especie	Cantidad	Precio	Tenencia valorizada	
IFN	1.259,00	62,55	78.750,45	
TRF	850,00	92,60	78.710,00	
			67.519,55	Líquido
			224.980,00	Total

14.00. Luego de haberme tomado una hora para almorzar con relativa calma, regreso ansioso al mercado. Mi posición está subiendo. Dedico el resto del día a buscar los "pisos técnicos" de los activos que tengo en cartera según sus gráficos, con la idea de tener en claro el *stop loss* (freno a las pérdidas) en caso de que la tendencia cambie y me juegue en contra.

17.00. Mientras que el Dow Jones y el Nasdaq concluyen la rueda apenas positivos, IFN y TRF llegan a la campana con subas de 2,52 y 0,54%, respectivamente. Una sensación de euforia me invade unos segundos. Me felicito por la apuesta. Tras el debut, mi posición es la siguiente:

Especie	Cantidad	Precio	Tenencia valorizada	
IFN	1.259,00	63,41	79.833,19	
TRF	850,00	93,00	79.050,00	
			67.519,55	Líquido
			226.402,74	Total
			1.402,74	Ganancia/pérdida
			0,62%	Variación porcentual

Termino el día con 1.402,74 dólares de ganancia neta. Alegre, comparo en voz alta: "Un mes y medio de sueldo en mi anterior trabajo, nada mal". Suena el celular y atiendo a mi tío, uno de mis principales accionistas, quien me pregunta cómo resultó mi primer día de operaciones. "Tío, no podría haber sido mejor", le respondo.

Martes 9 de mayo

9.00. Despierto con energía para encarar el día. Ver el cielo nublado no me afecta en absoluto. Desayuno y me sorprendo a mí mismo cantando por lo bajo temas musicales que pasan en la radio. Mi novia se asombra de mi estado de ánimo exageradamente bueno. Sucede que las Bolsas asiáticas subieron y los futuros del Dow y el Nasdaq, que están operando al alza, presagian otro día de alzas para el mercado norteamericano y los emergentes.

10.30. Sin embargo, de alguna manera la situación empeora y el Dow abre prácticamente en el mismo nivel que el cierre del lunes, mientras que el Nasdaq inicia la rueda con una caída de 0,23%. Mis papeles operan mixtos: IFN sube 0,08% y TRF retrocede 0,10%.

17.00. A pesar de que el Dow Jones concluye cerca de los máximos del día con un alza de 0,48%, el Nasdaq no convalida ese movimiento y baja 0,29%. En los informes de cierre que leo en www.briefing.com nadie sabe explicar la razón del divorcio entre los índices. No me preocupo demasiado, porque nuevamente mi cartera cerró el día con ganancias al subir IFN y TRF 0,93% y 0,87%, respectivamente. Mi tenencia ahora es la siguiente:

Especie	Cantidad	Precio	Tenencia valorizada	
IFN	1.259,00	64,00	80.576,00	
TRF	850,00	93,81	79.738,50	
			67.519,55	Líquido
			227.834,05	Total
			2.834,05	Ganancia/pérdida
			1,26%	Variación porcentual

Las ganancias ascienden a 2.834,05 dólares, tres meses de sueldos mensuales en dos días. El crecimiento de la cartera promedia los 1.400 dólares por día, 0,62%. Mientras juego a realizar proyecciones a partir de esas ganancias diarias, me advierto a mí mismo la necesidad de no engañarme con eso de proyectar tasas anuales según rendimientos de corto plazo. "Es un pecado hacerlo", me digo, y me respondo: "Sólo estoy jugando un rato".

"De seguir apreciándose mi portfolio a este ritmo, el rendimiento mensual sería de 12%, lo que da una tasa anual de 144%". Trato de bajar a tierra porque los números me llevan. Mi única preocupación es no haber establecido aún los precios de salida en caso de que la tendencia cambie. Me prometo fijarlos antes de la apertura. Entro en la cocina y sorprendo a mi novia abrazándola por la espalda. Está por empezar a cocinar y le digo que deje lo que está haciendo, que esta noche vamos a cenar afuera. "Adonde elijas".

Miércoles 10 de mayo

9.00. A la madrugada se desató una tormenta bastante fuerte que aún perdura. Desde la silla giratoria de mi oficina hogareña escucho los truenos y pienso en lo afortunado que soy por no tener que salir más rumbo a la sociedad de Bolsa. Las cosas están funcionando y me siento contento. Imagino lo que vendrá y no puedo más que ilusionarme. Es más, hasta lamento no haber tomado este camino mucho antes. Sin aguardar a que abra el mercado, cargo en el sitio del *broker* con el que opero las órdenes de venta de mis activos a precios más bajos que los del último cierre. Se ejecutarán sólo si caen hasta esos niveles:

Orden	Especie	Cantidad	Precio	Comisión
Stop	IFN	1.259 acciones	58,85	10 usd
Stop	TRF	850 acciones	84,95	10 usd

El objetivo es limitar las pérdidas si IFN opera en baja en las próximas ruedas y cae a 58,85 dólares, lo que equivaldría a un descenso de 8,05% respecto del cierre del martes. Lo mismo corre para TRF, aunque el precio que fijé es de 84,95 dólares (–9,44% respecto del último cierre).

Aunque veo que los futuros de los índices estadounidenses se encuentran apenas negativos, sé que los mercados asiáticos cerraron con toma de ganancias y Europa opera en baja.

10.30. El Dow y el Nasdaq abren apenas por debajo del último cierre y en ese caso soy optimista, ya que pareciera que todos los días comienzan operando en terreno negativo para pasar a positivo más tarde. Recuerdo un viejo dicho anónimo que recobra sentido ante esta observación: "A los mercados los abren los amateurs y los cierran los profesionales". IFN abre en 64,65 dólares, más de 1% arriba. Por su parte, TRF se negocia casi sin cambios a 93,75 dólares. La tranquilidad del mercado me permite salir a almorzar con Martín, un amigo que trabaja en una sociedad de Bolsa local.

16.00. El almuerzo se ha extendido más de lo deseado, pero debo reconocer que fue muy enriquecedor por el debate acerca del futuro del mercado. Martín afirma que todos los activos están sobrevaluados y que el mercado necesita una fuerte corrección. A su juicio, los mercados emergentes y los commodities se encuentran en niveles excesivamente altos, por lo que cree que los precios actuales en breve dejarán de convalidarse. Fundamenta su lectura en una disminución del volumen operado en el mercado estadounidense, dato que podría estar indicando un agotamiento del ciclo alcista.

Le hablo de la demanda inagotable de China y del crecimiento de la producción en la India y Rusia gracias a la fortaleza de sus exportaciones. "Los árboles no crecen hasta el cielo", me responde. Esa frase –recuerdo– la utilizaba yo para calmar a algún cliente demasiado entusiasmado con las subas del mercado. Cansado ya de escuchar pronósticos agoreros, doy por concluido el almuerzo excusándome por el trabajo. "Me van a descontar las horas fuera de la oficina", bromeo, y regreso pensando que aunque puede ser que Martín esté celoso por la valentía que mostré al independizarme, tal vez sus argumentos sean para considerar.

Llego al departamento y veo en la pantalla de la PC cómo el Nasdaq cede terreno y el Dow resiste firme los embates.

17.00. El Dow Jones concluye neutro el día, aunque el Nasdaq vuelve a caer por segunda jornada consecutiva, esta vez 0,75%. IFN no detiene su marcha arrolladora y cierra en 64,70 dólares, redituándome otro 1,09% de ganancia, mientras que TRF sufre lo que parece una mera corrección y pierde 0,76% al cierre. Mi tenencia ahora es la siguiente:

Especie	Cantidad	Precio	Tenencia valorizada	
IFN	1.259,00	64,70	81.457,30	
TRF	850,00	93,10	79.135,00	
			67.519,55	Líquido
			228.111,85	Total
			3.111,85	Ganancia/pérdida
			1,38%	Variación porcentual

A pesar del traspié de TRF, la posición ha seguido creciendo. Por la noche tengo una cena en casa de los padres de mi novia. Aún me quedan trámites pendientes.

Jueves 11 de mayo

3.00. Doy vueltas en la cama sin poder conciliar el sueño. Me siento intranquilo. Todos mis pensamientos me recuerdan la discusión con Martín. Me levanto, prendo la PC y decido analizar el volumen operado en las últimas semanas para compararlo con el volumen promedio para el Nasdaq. Noto una marcada disminución y –lo que resulta aún más preocupante– un incremento relativo recién en las últimas dos jornadas de baja. Al parecer, cuando el mercado se pone vendedor, aparecen las grandes operaciones. Lo que veo no me gusta nada. Pienso si no será mejor desarmar la posición y asumir una postura *wait and see* (esperar y ver qué pasa). Mi novia me grita desde el cuarto: "¿Por qué no ponemos la computadora en la cama? ¡Es lo único que falta!". Apago la máquina y vuelvo al dormitorio antes de que la sangre llegue al río.

10.30. Con el reloj despertador apagado y mirando hacia otro lado, me levanto justo a tiempo para darme una ducha, desayunar rápido y sentarme frente a la pantalla para observar la apertura del mercado. Tanto el Dow Jones como el Nasdaq operan neutros, mientras que mis papeles muestran números rojos: –0,46% el IFN (u$s64,40) y –2,09% el TRF (u$s91,15). El retroceso del segundo me preocupa, aunque el volumen es escaso (apenas se han operado 2.000 papeles) y no pierdo las esperanzas de que se recupere en el transcurso de la jornada.

12.00. Noto movimientos muy raros en el mercado. A la debilidad del oro y el resto de los commodities, salvo el petróleo, parece sumarse la de las acciones. Un mar rojo inunda mi pantalla. Casi todos los papeles que sigo operan en baja. Buscando causas entre las noticias del día, encuentro un cable que en otras circunstancias hubiera ignorado por completo: anoche, Ben Bernanke, jefe de la Reserva Federal de los Estados Unidos desde enero, le ha dicho a una periodista que el mercado se confunde si se lo imagina paloma en lugar de halcón. Sus dichos aparentemente fueron interpretados por los analistas como un anuncio de que las subas de las tasas de interés continuarán en el corto plazo, cuando el mercado esperaba justamente lo contrario, luego de que el predecesor de Bernanke, Alan Greenspan, dictara 17 subas consecutivas. Por lo pronto, decido no tomar ninguna decisión apresurada, seguramente el mercado está "sobreactuando" y pronto llegará el rebote.

16.00. ¡No puedo creer lo que estoy viendo! ¡El mercado se está desplomando frente a mis ojos! No me siento bien. Abro violentamente la ventana de mi oficina en busca de aire a pesar de ser una tarde fría de otoño en Buenos Aires. El Dow Jones, con una caída de más de 100 puntos (casi 1%), es el que mejor está resistiendo el embate. El Nasdaq pierde 40 puntos (1,70%) y tanto IFN como TRF no encuentran un piso. Observo horrorizado cómo mis ganancias se evaporan en sólo un par de horas y ahora me encuentro en terreno negativo. Tal es la magnitud y velocidad de la caída, que temo incluso que salten los *stop loss* colocados el día previo. Me tomo una aspirina para calmar el dolor de cabeza.

17.30. Me siento decididamente mal, como si una banda me hubiese propinado una feroz golpiza. Me digo: "Es un movimiento diario, exagerado. Invertí al largo plazo. Además, es sólo dinero, no es la muerte de nadie". No sirve. Nada me consuela. Lo siguiente es "lo que queda" de mi posición:

Especie	Cantidad	Precio	Tenencia valorizada	
IFN	1.259,00	60,02	75.565,18	
TRF	850,00	87,65	74.502,50	
			67.519,55	Líquido
			217.587,23	Total
			−7.412,77	Ganancia/pérdida
			−3,29%	Variación porcentual

El Dow Jones Industrial cerró en 11.500,73 puntos y el Nasdaq, en 2.272,70. Las caídas fueron de 1,22 y 1,98%, respectivamente. IFN se desplomó 7,23%, mientras TRF perdió 5,85%. Estoy transpirando; mis ganancias desaparecieron. La pantalla me arroja una pérdida no realizada de 7.412,77 dólares desde que comencé a operar. ¡Y pensar que en un momento estuve u$s3.111,85 arriba! Mi novia me propone salir a cenar pero yo, absorto en los números, ni le contesto. Mi gesto de derrota le basta para cambiar de idea. Increíblemente, tanto IFN como TRF cerraron apenas por encima de los *stop loss* fijados.

22.05. Salvo los 20 minutos durante los que intenté infructuosamente "desconectarme" viendo un poco de televisión, no hice otra cosa que recorrer todos los sitios financieros que conozco en busca de explicaciones. El Nikkei japonés abrió hace una hora casi 200 puntos abajo, con una caída de 1,60%, y se mantiene la presión bajista. Lo mismo sucede en el resto de las Bolsas asiáticas.

¿Qué hago con los *stop loss*? Si los mantengo, es probable que me saquen del mercado no bien comiencen las operaciones de mañana, y significaría un daño terrible para mí y para mi cartera si luego el mercado rebotara y volviera a sus niveles anteriores, mientras yo lo veo desde fuera. Decido entonces anular los *stop loss* y ver qué sucede mañana. Siento que prefiero aguantar un poco más de baja en la apertura, pero estar adentro cuando venga el rebote, que debería producirse en algún momento del día, según el pronóstico de algunos operadores en la web de la cadena CNN. Desde que dejé de fumar, hace casi un año, que no tenía tantas ganas de prender un cigarrillo. Por suerte, antes de intentarlo caigo como desmayado en la cama. Ha sido un día agotador.

Viernes 12 de mayo

9.00. Asia se derrumbó y los mercados europeos también están siendo castigados. Sin embargo, hay un dato esperanzador: los futuros del Dow, del s&p 500 y del Nasdaq se encuentran positivos, con lo cual gana fuerza la idea de un rebote en el mercado. Corroboro que los *stop loss* estén anulados. Estoy de mejor humor, listo para la recuperación.

10.30. Los futuros aflojaron en los últimos minutos y el Dow abre en 11.500 puntos, sin cambios respecto del cierre previo. El Nasdaq comienza a operar con una merma de 0,38%. IFN abre 7 centavos por encima, en 60,09 dólares, pero TRF opera las primeras 2.000 acciones del día con una caída de 2,85%, en 85,15 dólares. De acuerdo con los estudios que alcanzo a leer, existiría un doble efecto negativo sobre los mercados emergentes: por un lado, las expectativas de nuevas subas de tasas incrementarán sus deudas emitidas a tasas variables. Por el otro, una fuerte caída de los commodities reduciría su capacidad de obtener divisas mediante las exportaciones. ¿Dónde dejé mis aspirinas?

14.30. Más allá de las tímidas subas intradiarias que se observan, el rebote nunca llega. Me invade la desazón, es más de lo mismo. Los números rojos continúan dominando la escena y mis pérdidas se aceleran. Desahuciado y sin fuerzas para controlarme, salgo a la calle en busca de un paquete de cigarrillos.

17.30. Mañana es sábado. De algo estoy seguro: el mercado no va a caer. Mi portfolio concluye la semana de la siguiente manera:

Especie	Cantidad	Precio	Tenencia valorizada	
IFN	1.259,00	57,50	72.392,50	
TRF	850,00	82,00	69.700,00	
			67.519,55	Líquido
			209.612,05	Total
			−15.387,95	Ganancia/pérdida
			−6,84%	Variación porcentual

Mientras el Dow Jones Industrial y el Nasdaq perdieron 1,04 y 1,27%, respectivamente, IFN se desplomó 4,20% y TRF, 6,45%.

Apago la computadora y trato de mentalizarme para no hacer que el trabajo arruine mi vida. O para que al menos no arruine mi fin de semana. Hemos planeado pasar sábado y domingo en un spa. Tengo la impresión de que nunca necesité tanto descansar. El lunes será otro día y todo volverá a la normalidad...

Domingo 14 de mayo

22.30. Fin de semana de terror. No me perdono los errores cometidos. ¿Cómo pude equivocarme tanto? Reflexiono sobre mi conducta y repaso aquellos diez mandamientos guardados en un cajón. Me sorprendo al realizar el siguiente análisis:

Los diez mandamientos	Situación
1. No operar acciones de empresas individuales hasta no tener plena confianza en la operatoria. Empezar invirtiendo en ETFS.	OK
2. Ser paciente, no efectuar operaciones de más.	OK
3. No permitir que las ganancias se transformen en pérdidas.	Regla violada
4. No promediar las pérdidas. No agregar nada a una posición que esté dando pérdidas.	OK
5. Operar según la tendencia. La tendencia es mi amiga.	Regla violada
6. Confeccionar un plan y atenerme a él.	Regla violada
7. No efectuar operaciones basadas en "datos" de amigos o conocidos. Operar según la tendencia, y no según lo que dicen los demás.	Regla violada
8. En caso de duda, salir del mercado.	Regla violada
9. Utilizar órdenes *stop loss* en caso de ser necesario.	Regla violada
10. Dejar correr las ganancias y cortar las pérdidas.	Regla violada

En total, violé siete reglas sobre diez escritas. Aquí el detalle:

#3. No pude defender las ganancias y observé inmóvil cómo lo que era verde se transformaba en rojo.

#5. La tendencia me acompañó durante los primeros días, pero claramente se dio vuelta el jueves y traté de nadar contra la corriente desde entonces.

#6. El plan era fijar órdenes *stop loss* para limitar las pérdidas en caso de que el mercado bajara, pero luego violé la regla al apostar a un rebote y anularlos.

#7. A la distancia puedo ver cómo me dejé influir por los resultados obtenidos previamente por mi cliente posicionado en el BRIC. Es claro que operé siguiendo afirmaciones ajenas en lugar de la tendencia.

#8. Las dudas me invadieron a partir de la caída del jueves, y sin embargo decidí continuar "para morir con la mía".

#9. La falta es similar a la de la regla 6.

#10. Dejé correr las ganancias pero también las pérdidas.

El hecho de saber que mañana abre el mercado me revuelve el estómago. No quiero que llegue el lunes. No quiero que comience a girar la rueda.

Lunes 15 de mayo

9.30. Aquí estoy, listo para seguir sufriendo. Asia operó volátil pero cerró con rojos marginales. Los futuros del Dow y el Nasdaq se muestran negativos.

10.30. El Dow abre sin cambios pero el Nasdaq cae 0,43%. IFN cotiza a 56,35 dólares, y TRF, a 80,36. ¡Vaya coincidencia!, con ambos pierdo otro 2%. La debilidad de los mercados emergentes es obvia.

14.00. Discuto con mi novia cuando me sorprende fumando un cigarrillo en el balcón. No le había comentado el regreso al vicio. Me siento frente a la computadora para ver cómo sigo derrapando. Cuando pienso que nada puede salir peor, suena el teléfono: es mi tío. "¿Cómo van las inversiones? ¿Me estás haciendo millonario?", escucho. Finalizada la conversación, tomo la tercera aspirina del día y pienso: "¿Cómo pude pasar de querer vivir de la Bolsa a soñar con sobrevivir a la Bolsa?".

17.05. De alguna manera el Dow se las ingenia para cerrar en positivo (0,40%), pero el Nasdaq no puede evitar su sexta caída consecutiva. Peor les fue a los emergentes y a mis papeles: IFN cerró en 53,81 dólares (–6,42%) y TRF en 72,50 (–11,59%). Mi posición, que matemáticamente podría decirse tiende a cero, quedó de la siguiente manera:

Especie	Cantidad	Precio	Tenencia valorizada	
IFN	1.259,00	53,81	67.746,79	
TRF	850,00	72,50	61.625,00	
			67.519,55	Líquido
			196.891,34	Total
			–28.108,66	Ganancia/pérdida
			–12,49%	Variación porcentual

18.30. Le pido disculpas a mi novia por la discusión del mediodía. No hace falta que le explique los motivos de mi malhumor. Por suerte ella me entiende y me perdona. Al fin decido dejar de sentir lástima de mí mismo y comenzar a actuar. Si mañana el mercado me da una oportunidad de salida (un respiro sería lógico después de tanta caída), pienso llevar a cabo la primera parte de mi nuevo plan: desarmar, al precio que sea, toda la posición.

Martes 16 de mayo

8.00. Más temprano que lo habitual, me siento frente a la computadora. Anoche dormí bien y recargué las pilas. ¿Por qué al fin pude conciliar el sueño si estoy perdiendo casi 30.000 dólares? Muy simple: porque tengo un plan.

Los mercados asiáticos cerraron bastante firmes, a pesar de que los futuros del Dow Jones y del Nasdaq se muestran chatos. Existen reglas básicas que no olvido: una baja de más de 10% desde el máximo significa un cambio de tendencia, de alcista a bajista. Desde el 11 de mayo, IFN cayó 17,85% y TRF perdió 23,89%, por lo que ambas se encuentran técnicamente en un mercado bajista. Si ambas suben hoy, consideraré al hecho como un "rebote del gato muerto", un movimiento similar al que se produce cuando un cuerpo cae desde una altura importante. Al golpear contra el piso rebota, pero no lo suficiente como para regresar al punto de partida. En consecuencia, será una oportunidad de salida.

10.30. Tanto el Dow Jones como el Nasdaq comienzan el día sin cambios. IFN y TRF operan con alzas de 0,35 y 0,69%, respectivamente.

14.00. 3,5% de suba para IFN y 2,5% para TRF, respectivamente. Dudo entre vender ahora o esperar. Decido estirar la cuerda un poco más. Hoy parece que tengo viento a favor para materializar la primera parte del plan y pienso hacerlo de la mejor manera.

17:00. Diez minutos antes del cierre ejecuto las siguientes órdenes:

Orden	Especie	Cantidad	Precio	Comisión	Total
Venta	IFN	1.259 acciones	57,30	10 usd	72.150 usd
Venta	TRF	850 acciones	79,00	10 usd	67.160 usd
					139.310 usd Total

En el día, IFN ha subido 6,49% y TRF, 8,28%. Si tenemos en cuenta los descensos de la víspera, notaremos que el mercado se encuentra en un momento de indecisión y volatilidad extrema, por lo menos en lo que refiere a los mercados emergentes. No obstante ello, el Dow culmina el día en los 11.419,89 puntos (–0,08%), al tiempo que el Nasdaq cae por sexta jornada consecutiva y cierra en las 2.229,13 unidades (–0,42%).

Las siguientes son las pérdidas realizadas y el saldo de mi portfolio:

Especie	Cantidad	P. Compra	P. Venta	Comisión total	Ganancia/ pérdida
IFN	1.259 acciones	62,55 usd	57,30 usd	20,00	–6.629 usd
TRF	850 acciones	92,60 usd	79,00 usd	20,00	–11.580 usd

Especie	Cantidad	Precio	Tenencia valorizada
			206.790,25 Líquido

Mi pérdida se ha reducido a 18.209,75 dólares. Le digo a mi novia que se vista. Saldremos a tomar un café, quiero despejarme. Mañana comienza la segunda fase del plan.

Miércoles 17 de mayo

9.30. La Bolsa japonesa y el resto de las asiáticas operaron en general al alza, lo que lleva a www.cnnfn.com y www.bloomberg.com a publicar notas donde se afirma que los mercados de Asia establecieron un piso y que se viene un potencial rebote, todas suposiciones a las que no adhiero. Los futuros en los Estados Unidos se encuentran al alza y me preparo para seguir con la estrategia.

10.35. El Dow Jones abre prácticamente neutro mientras que el Nasdaq lo hace con un retroceso de 0,66%. Tanto IFN como TRF operan sus primeros títulos al alza, posiblemente envalentonadas por el cierre previo. Ejecuto las siguientes operaciones:

Orden	Especie	Cantidad	Precio	Comisión
Short	IFN	1.400 acciones	57,45 usd	10 usd
Short	TRF	1.000 acciones	79,45 usd	10 usd

Se trata de órdenes *short selling* que implican el alquiler de títulos a vender en ese mismo momento y a devolver más adelante, una vez adquiridos en el mercado. Apuesto con ellas a que los precios sigan cayendo y a poder comprar ambos ETFs más baratos, para devolverlos y ganar con la diferencia entre el precio de venta y el precio de compra.

De esta forma queda mi portfolio:

Especie	Cantidad	Precio	Ganancia/pérdida	
IFN	−1.400	57,45	0,00	
TRF	−1.000	79,45	0,00	
			206.770,25	Líquido
			206.770,25	Tenencia total
			−0,01%	Variación porcentual

Por más que IFN y TRF operen al alza, sé que la tendencia de fondo es bajista y siento que la estoy acompañando. Eso me genera cierta tranquilidad. Tan convencido estoy de mi postura, que no me asombro cuando, al poco tiempo de haber realizado las operaciones, la suba comienza a debilitarse velozmente y lo que estaba en verde al inicio ahora pasa a estar en rojo. Observo atento durante unos minutos cómo en la columna de venta aparecen grandes órdenes que no son calzadas y deben esperar, abandonar la postura o reducir las pretensiones.

14.00. Ya complacido, veo que la caída de la mañana se intensifica incluso en los índices norteamericanos. El Dow opera casi 100 puntos por debajo del cierre del martes (cerca de un 1% abajo) y el Nasdaq pierde más de 30 puntos (–1,20%). Satisfecho con la decisión adoptada, me preparo el almuerzo y leo un análisis bajado de www.agileinvesting.com donde se afirma que lo que se está viendo en este momento es el comienzo de un mercado bajista, y no una simple corrección. Los analistas destacan la existencia de curvas de tasas de interés de corto y largo plazo invertidas –típicas de períodos inmediatamente anteriores a un proceso recesivo–, donde las de corto pagan mayor interés anual que las de largo; la intensificación de las presiones inflacionarias en los Estados Unidos y el mundo; la creciente percepción de conflictos geopolíticos y la desaceleración del crecimiento en el mercado de bienes raíces de la principal potencia del globo.

17.05. Los mercados cierran cerca de su mínimo del día. El Dow Jones experimenta la mayor caída en lo que va del año al perder 214,28 puntos (–1,88%), mientras que el Nasdaq cede 33,33 puntos (–1,50%), y concluye su séptima jornada consecutiva en baja. Tanto IFN como TRF terminan en rojo y mi posición se aprecia:

Especie	Cantidad	Precio	Ganancia/pérdida	
IFN	–1.400	55,46	2,786,00	
TRF	–1.000	73,55	5.900,00	
			206.770,25	Líquido
			215.456,25	Tenencia total
			4,19%	Variación porcentual

Hasta el momento recuperé sólo una parte de lo perdido. Pese a ello, estoy más que conforme. Si no hubiese invertido mi posición –pienso–, ahora estaría llorando por los rincones. ¡Veo una luz al final del túnel y espero que no sea un tren que viene de frente! Es todo por hoy. Salgo a tomar una cerveza con amigos de la universidad a quienes hace mucho no veo.

Jueves 18 de mayo

9.00. La seguridad de los últimos días vuelve a abandonarme y deja lugar a una pregunta sin respuesta sencilla: ¿cuándo debo salir a comprar las acciones vendidas para devolvérselas al operador que me las "alquiló" y cerrar mi posición? O lo que es igual: ¿cómo hacer para que esta vez las ganancias no se transformen en pérdidas?

Primero pienso que el momento oportuno será cuando recupere lo que perdí, pero luego desestimo esa posibilidad, ya que estaría tratando de que el mercado se adecue a mis números en lugar de yo seguirlo en su tendencia. Decido entonces esperar a que el mercado me dé una señal. ¿Cuál podría ser? Repaso el diario y rescato un dato que ya me había llamado la atención: "El Nasdaq cerró por séptima jornada consecutiva a la baja". De hecho, el índice cerró positivo por última vez el día en que compré los ETFs, el lunes 8 de mayo. Sucedió hace tanto tiempo ya…

El índice tecnológico de los Estados Unidos no hizo otra cosa que bajar desde que comencé a operar. De alguna manera, se anticipó a la tendencia general de los mercados. Decido entonces obedecer una regla muy simple: si veo que el Nasdaq terminará la rueda quebrando la serie de bajas consecutivas, antes de que cierre el mercado cubriré mi posición vendida sin importar cuánto me falte para recuperar el total de lo perdido.

10.30. Nuevamente el Dow abre sin cambios pero el Nasdaq opera con un alza de 0,43%. IFN abre en 55 dólares, con una merma de 0,83% con respecto al último cierre, mientras que TRF opera los primeros 5.000 títulos con un alza de 0,61% en 74 dólares.

14.00. Alguna vez leí que en un mercado bajista las aperturas alcistas sirven para ilusionar a los inversionistas inexpertos, quienes compran soñando con una recuperación que no llega y venden demasiado tarde, en tiempos de acumulación. El verdadero humor del mercado –dicen los que sostienen esta idea– comienza a dejarse ver pasada la mitad de la rueda de operaciones. Pues bien, noto que el Dow Jones y el Nasdaq regresan a terreno negativo y veo que el volumen negociado crece a medida que la caída se profundiza. Hoy no será el día de cierre para mi posición.

17.05. El Dow Jones finaliza la rueda en los 11.128 puntos (–0,69%) y el Nasdaq estira a ocho el número de jornadas consecutivas en baja al derrapar 15,48 puntos o 0,70%. IFN y TRF bajan 3,28 y 4,01%, respectivamente. Mi posición mejora:

Especie	Cantidad	Precio	Ganancia/pérdida	
IFN	−1.400	53,64	5.334,00	
TRF	−1.000	70,60	8.850,00	
			206.770,25	Líquido
			220.954,25	Tenencia total
			6,85%	Variación porcentual

Me encuentro a tan sólo 4.000 dólares del comienzo, dado que llevo recuperados 14.000 desde que comencé con la estrategia de *short selling*. ¿No será momento de armar las maletas? "¡No!", me respondo tajante. "Dejemos que el mercado nos indique el momento. No tropecemos dos veces con la misma piedra".

Viernes 19 de mayo

10.30. El Dow y el Nasdaq abren prácticamente sin cambios, mientras que IFN cotiza apenas por debajo del último cierre y TRF avanza 1,42%.

14.00. Promediando la rueda, el Nasdaq se muestra más firme que nunca, con grandes órdenes de compra no vistas desde hace mucho tiempo. IFN opera en baja mientras que TRF se presenta muy volátil, subiendo y bajando más de 2% en pocos segundos.

16.45. Faltando apenas quince minutos para el cierre, el Nasdaq sigue en alza, por lo que el quiebre de la racha negativa resulta muy probable. Siguiendo la nueva regla, ejecuto las órdenes detalladas a continuación:

Orden	Especie	Cantidad	Precio	Comisión
Compra	IFN	1.400 acciones	48,80 usd	10 usd
Compra	TRF	1.000 acciones	70,40 usd	10 usd

17.00. El Dow cierra 0,14% arriba y el Nasdaq interrumpe al fin las bajas con un alza de 0,62%. Tras haber cubierto mi posición vendida, mi cartera queda así:

Especie	Cantidad	P. Compra	P. venta total	Comisión	Ganancia/ pérdida
IFN	1.400 acciones	48,40 usd	57,45 usd	20,00	12.650 usd
TRF	1.000 acciones	70,40 usd	79,45 usd	20,00	9.030 usd

Especie	Cantidad	Precio	Tenencia valorizada
			228.490,25 Líquido

En estos quince agitados días obtuve una ganancia de 3.490,25 dólares, levemente superior a 1,5%. Si bien la suma no es despreciable, lo que más valió en este caso fue la experiencia: aprendí que no existe error más grande que pretender vencer al mercado, y que operar con orgullo puede llevarnos a perderlo todo. Se trata simplemente de identificar la tendencia y seguirla tal como lo hace el resto de los participantes experimentados, manteniendo un alto nivel de autocrítica y actuando con agilidad a la hora de corregir errores. Los que opinan que "el capitán debe ser el último en abandonar el barco" o que "hay que morir con las botas puestas" terminan perdiendo lo que otros inversionistas, más astutos y flexibles, ganan.

Dos semanas en la vida de un portfolio manager

Lunes 4 de agosto de 2008

Marcos salió del restaurante convencido de haber realizado un buen trabajo y conseguido un nuevo cliente. Al principio se había mostrado un tanto dubitativo frente a las preguntas de Horacio, pero con el correr de los minutos sintió que lograba transmitir con seguridad su filosofía de inversión y que aquel compraba su discurso. Para cuando la conversación giró hacia temas más vinculados con su currículum, sus gustos y amistades, pudo percibir cómo se afianzaba el clima de confianza que pretendía generar en ese tipo de encuentros.

Al despedirse, notó que Horacio evaluaba la posibilidad de contratarlo en ese mismo momento como su nuevo administrador de cartera. Sin embargo, como era de esperar, debió conformarse con un simple "nos mantenemos en contacto".

Para cuando el joven del valet parking del hotel donde se había celebrado el encuentro le acercó el coche, Marcos ya había calculado mentalmente en cuánto se incrementarían sus ingresos si sumaba a Horacio a su portfolio: este le había hablado de 2 millones de dólares para invertir, y dado el 1% fijo anual de gastos administrativos que les cobraba a sus clientes, más el 15% sobre las ganancias obtenidas con el capital, estimó su ingreso en unos 52.000 dólares anuales, cifra nada despreciable que lo acompañó durante todo el trayecto hasta su oficina.

Al llegar, su secretaria le dijo que no había recibido llamadas importantes, por lo que se dirigió directamente a su escritorio dispuesto a seguir las últimas dos horas de operaciones del mercado.

Martes 5 de agosto

Marcos llegó más temprano que lo habitual a su oficina. Luego de encender la computadora, decidió evaluar la situación actual de su cartera y sus perspectivas: tenía bajo administración 6,3 millones de dólares propiedad de dos clientes, Juan S. y Sebastián N., a quienes conocía desde los tiempos en que trabajaba en BankBoston de Argentina, hoy Standard Bank.

En lo que iba del año, el S&P 500 había subido apenas 3,2%, mientras que su cartera se había incrementado en 3,7% gracias a la correcta decisión de asignar desde principios de año un 20% del total de los fondos a distintos ETFs de mercados emergentes.

Marcos pasó el resto del día evaluando alternativas de inversión: oro, petróleo y un ETF de bienes raíces. Mientras tanto, el mercado comenzó a caer producto de malas noticias en el sector financiero: la crisis de las *subprime* (hipotecas con alto riesgo de incobrabilidad) golpeaba nuevamente a las plazas internacionales.

Miércoles 6 de agosto

A las 14, recibió la llamada tan esperada: Horacio habló con su secretaria y solicitó las instrucciones para la apertura de cuenta y su posterior fondeo.

Entusiasmado, Marcos siguió analizando potenciales inversiones mientras el mercado y su cartera parecían no encontrar piso y perdían alrededor de 1,50% por segundo día consecutivo.

Las ganancias marginales del año para el S&P 500 y su portfolio prácticamente se habían evaporado, hecho que preocupaba pero no angustiaba a Marcos, conocedor de los vaivenes del mercado y consciente de la necesidad de mantener la calma en épocas de alta volatilidad. Proyectaba cambios favorables para lo que quedaba del año, mientras recordaba aquella máxima según la cual las acciones norteamericanas observan sus mínimos anuales en octubre y registran su mejor performance entre ese mes y marzo.

Por lo tanto, reflexionó, sería conveniente armar una cartera menos correlacionada con el mercado que la actual, siguiendo el rendimiento del s&p 500 pero moderando los movimientos a fin de limitar las pérdidas en caso de bajas, y las ganancias en caso de subas. Sabía que la mejor forma de hacerlo era reduciendo el coeficiente de correlación Beta entre sus títulos y el índice de referencia.

"Los portfolio managers profesionales son evaluados por el rendimiento que logran en comparación con el resto del mercado. Por lo tanto, mi misión será ganarle al s&p 500", se dijo, y comenzó a buscar activos *defensivos* o con Beta bajo para reemplazar los actuales *ofensivos*.

Jueves 7 de agosto

Brian, la persona que lo atendía en forma directa en el *broker* con el que trabajaba, lo llamó al mediodía para confirmarle que había recibido un depósito de 2 millones de dólares en una cuenta a nombre de Horacio L. vinculada –como dictaba la norma– a una cuenta madre a nombre de Financial Reports S.A., la sociedad que él mismo manejaba. De esta manera, el total administrado por nuestro protagonista ascendía a 8,1 millones de dólares una vez contabilizada la pérdida de los últimos días.

A los pocos minutos, su secretaria le informó que tenía a Horacio en el teléfono. El nuevo cliente quería confirmar la transferencia y desearle éxitos. Marcos le agradeció la confianza y, tras cortar, decidió no perder un segundo más y ponerse en acción: vendió los papeles de Beta alto (los ETFs emergentes, algunas acciones de empresas tecnológicas y el ETF del Russel 2000, el índice de PyMEs estadounidenses), y compró el ETF del oro, papeles de consumo masivo y de empresas de salud. Luego colocó la totalidad de la posición de Horacio replicando las inversiones realizadas para Juan y Sebastián, y justo antes del cierre del mercado concluyó la operación. Ahora el Beta de la cartera había bajado a 0,52, desde el 0,98 anterior. De esta forma, si el s&p 500 caía 1%, su cartera debía caer aproximadamente

0,50%, y si el índice subía 2%, su cartera debía ganar alrededor de 1%.

Se aseguró de que el Beta de la cartera estuviera bien calculado realizando un promedio ponderado de los Betas de los activos que la componían en función de su participación en el total, y se retiró de la oficina horas más tarde.

Viernes 8 de agosto

Varios minutos antes de que abrieran los mercados en los Estados Unidos, un fuerte rumor ganaba peso y derrumbaba las Bolsas europeas: uno de los bancos grandes de Norteamérica estaría a punto de quebrar debido a la creciente morosidad de sus deudores hipotecarios y del retiro masivo de depósitos de sus clientes.

Los futuros del S&P 500, el Dow Jones Industrial y el Nasdaq presagiaban lo peor. En la apertura, los tres índices abrieron con un fuerte *gap* bajista, esto es, con una brecha importante y a la baja respecto de los valores del último cierre. La caída se fue profundizando con el correr de las horas, y el cierre encontró al S&P derrapando el 3,5%.

Marcos miró de reojo el rendimiento de su cartera: –2,2%. Un sabor agridulce lo invadió: si bien estaba perdiendo menos que el mercado, no dejaba de hacerlo. Hubiera preferido haber vendido toda la posición el día anterior en lugar de solamente bajar el Beta de la cartera, pero sabía que en el mundo financiero no había lugar para los pensamientos melancólicos. "A la hecho, pecho", dijo en voz alta, y se mentalizó para que el traspié no lo amargara.

Lunes 11 de agosto

La nueva semana comenzaba cargada de nerviosismo. Los bancos y las financieras vinculadas con las hipotecas seguían en caída libre y los índices, perdiendo terreno pese a algunos rebotes intradiarios.

Marcos miró el reloj de pared de su oficina con cierta desazón: el día había pasado y su cartera había bajado otro 1,55% frente al descenso de 2,95% del mercado. A lo lejos escuchó a su secretaria despedirse pero no tuvo fuerzas siquiera para contestarle. Horacio tenía 74.000 dólares menos que al comienzo, mientras que el capital del portfolio que administraba se había reducido en nada menos que 546.000 dólares.

Sabía, porque ya había vivido experiencias similares, que Juan S. y Sebastián N. no estarían demasiado preocupados, pero no podía adivinar el estado de ánimo de su nuevo cliente. De todas maneras, pensó, podía defender su gestión: desde que redujo el Beta de la cartera el mercado había cedido cerca de 6,5%, y sus cuentas, 3,7%.

Martes 12 de agosto

Marcos llegó más temprano que de costumbre a su oficina. Su secretaria se asombró al encontrarlo sumamente concentrado en las pantallas de cotizaciones. Había dormido mal la noche anterior, aunque al amanecer una sensación de seguridad le trajo cierta calma: tras analizar la situación, llegó a la conclusión de que el mercado había estado sobreactuando en su caída y que el rebote era inminente.

Aprovechó la primera apertura tranquila del mercado en los últimos días para hacer un nuevo rebalanceo de la cartera. Vendió los papeles de bajo Beta adquiridos recientemente y se posicionó en activos con Betas iguales o mayores a 1 (activos "ofensivos").

En el preciso instante en que desde el *broker* le confirmaron la última operación, su secretaria le pasó una llamada que esperaba: con la voz nerviosa y hasta temblorosa, Horacio le recriminó las pérdidas sufridas en tan poco tiempo. Marcos le ofreció reunirse ese mismo día para almorzar y una hora más tarde se estaban saludando –esta vez, de manera más fría y distante por parte de Horacio– en el mismo hotel del primer encuentro.

Marcos dejó que Horacio hablara primero sin interrumpirlo. En estas situaciones, solía preguntarse cuánto de común tendría su tarea con la de un psicólogo. Entonces, una vez que Horacio calló, Marcos se plantó firme y le recordó lo hablado la primera vez: él había sido contratado para ganarle al mercado, para lograr un mejor rendimiento que este, tanto en las alzas como en las bajas, tarea que al fin y al cabo estaba cumpliendo. Abrió su *notebook* y le enseñó las planillas de excel con los resúmenes de las cotizaciones y las cuentas. Asimismo, le ofreció la posibilidad de retirar el dinero sin pagar un centavo de comisión. Horacio no tuvo más remedio que retroceder y terminar pidiendo disculpas por el arrebato, disculpas que enseguida fueron aceptadas por Marcos.

Antes de despedirse, Marcos le contó sobre las operaciones realizadas ese mismo día y le advirtió sobre un probable incremento de la volatilidad de la cartera.

Miércoles 13 de agosto

Los cables inundaban los monitores de operadores y analistas: quince minutos antes de que abriera el mercado, la Reserva Federal (Fed) de los Estados Unidos anunciaba su decisión de rescatar a los bancos en problemas, hecho que despejaba al menos momentáneamente los fantasmas de *default* en las entidades comprometidas.

El *timing* no podía haber sido mejor. Un rally alcista se impuso con fuerza y los mercados subieron durante todo el día. Al final de la jornada, el s&p había ganado 3,5% –incluyendo cierta recuperación observada minutos antes del cierre previo, cuando los rumores comenzaron a correr–, y su portfolio, 4,2%.

El valor de mercado de la cartera totalizaba ahora 8,5 millones de dólares, mientras que el saldo de Horacio regresaba a 2 millones. "¡Al fin un buen día!", celebró Marcos y cerró la puerta de su oficina.

Jueves 14 de agosto

El alza del miércoles se consolidó el jueves con otra de 1,50% del s&p. Su apuesta volvió a ganarle al promedio y aumentó 1,80%. El mercado hacía honor a su fama de ciclotímico y ahora los mismos que días atrás veían sólo nubes negras en el horizonte, no dejaban de alabar a la Fed por sus rápidos reflejos. Marcos tomó nota: se acercaba el momento de vender.

Viernes 15 de agosto

Horacio llamó a primera hora de la mañana. Deseaba retirar sus fondos al final del día. Decía "no tener estómago" para tanta variación de precios. La llamada no sorprendió a Marcos. La tomó con la naturalidad de quien espera que suceda un hecho en principio negativo pero necesario. Contabilizando la suba de los activos al cierre, el saldo de Horacio ascendía a 2,1 millones de dólares. Había ganado, después de tantas idas y vueltas, 100.000 dólares en apenas 15 días.

Marcos afinó el lápiz para calcular su comisión por los servicios prestados. Aunque estaba en su derecho, no cobraría el proporcional de 1% en concepto de gastos administrativos, por lo que el monto a percibir totalizaba 15.000 dólares, el 15% de las ganancias de Horacio.

El vínculo contractual había finalizado y Marcos sabía que no debía buscarle responsables al hecho. Es más, estaba convencido de que era lo mejor para ambos. Para el futuro se prometió ser más claro con sus potenciales clientes en relación con las condiciones que deben reunirse para realizar este tipo de inversiones y no dejarse llevar (tanto) por las emociones. Al fin y al cabo, de subas y bajas está hecho este mundo.

| Test 1 | **TOLERANCIA AL RIESGO** |

En el mundo de las finanzas, nuestros objetivos de inversión deben contemplar dos variables íntimamente relacionadas entre sí: rentabilidad esperada y riesgo. ¿Cuántas veces hemos leído acerca de la relación inquebrantable entre ellas? ¿Existe algún inversionista medianamente calificado que piense sólo en términos de rentabilidad esperada? Sabemos que no. Por lo tanto, resulta de vital importancia para el logro de nuestras metas conocer el nivel de riesgo que estamos dispuestos a aceptar al momento de llevar adelante una operación.

¿Somos inversionistas adversos al riesgo y, en consecuencia, conservadores? ¿O, por el contrario, nos consideramos amantes del riesgo y agresivos? ¿Acaso nos pensamos neutrales y muy racionales? El objetivo del siguiente test es ayudar al lector a conocer el nivel de riesgo que está dispuesto a asumir, un dato clave para determinar luego la rentabilidad esperada a la que debería apuntar en un mercado cambiante y lleno de posibilidades como el actual.

Preguntas

1. Dos semanas después de haber comprado 100 acciones de una empresa en la Bolsa, estas suben de $20 a $30. Usted decide:

   a. comprar más acciones de la empresa;
   b. venderlas y tomar ganancias;
   c. vender la mitad para asegurarse una ganancia y mantener el resto;
   d. esperar a que suba más y después ver.

2. Los días en que la Bolsa sube de valor, usted:

   a. se lamenta por no haber comprado más acciones;
   b. llama a su asesor financiero y le pide recomendaciones;
   c. se siente contento de no operar en un mercado tan volátil;
   d. no le da importancia.

3. Gana $1.000 en una apuesta y:

   a. se los gasta enseguida en cosas sin importancia;
   b. se los gasta en billetes de lotería;
   c. pone el dinero en una cuenta a la vista;
   d. compra acciones en la Bolsa.

4. Luego de trabajar algunos años en una pequeña empresa de rápido crecimiento, le surge la posibilidad de comprar el 2% de la compañía. Aunque la firma no cotiza en Bolsa, sabe que sus dueños mayoritarios han logrado atractivas ganancias creando y vendiendo empresas en oportunidades anteriores y ahora intentan repetir la estrategia. Usted decide:

   a. comprar todas las acciones que le ofrecen e informarles a los dueños que estaría dispuesto a comprar más si se lo permitieran;
   b. comprar todas las acciones que le ofrecen;
   c. adquirir la mitad de las acciones que le ofrecen;
   d. adquirir menos de la mitad de las acciones que le ofrecen.

5. El dueño de la casa donde usted vive como inquilino le informa que la tirará abajo para construir un moderno edificio. A cambio, le ofrece gratis una opción de compra sobre uno de los departamentos, opción que tiene un precio de mercado de 15.000 dólares y que podrá ejercer al momento de terminarse la construcción del edificio a un valor 10% inferior al que dicte entonces el mercado. Si no desea recibir la opción, puede pagar 75.000 dólares por el departamento, que promete valer 100.000 o más una vez terminado, siempre y cuando los precios de los inmuebles continúen subiendo. Para financiar la compra, debería pedir un préstamo para realizar el depósito inicial y abonar luego las cuotas del préstamo. Estas, sumadas a las expensas del departamento, representarían gastos mensuales superiores a los que en la actualidad tiene. Usted decide:

   a. pedir el préstamo por 75.000 dólares y comprar el departamento;
   b. buscar financiación con la idea de comprar dos departamentos;
   c. vender la opción que le obsequia el dueño y buscar más adelante un departamento para alquilar en la misma zona;
   d. vender la opción y mudarse a una zona más económica esperando que las propiedades bajen de precio.

6. ¿Cuál de las siguientes expresiones definen mejor su estilo de vida?

   a. "Sin sufrimiento no hay gloria."
   b. "Simplemente, hazlo ahora."
   c. "Siempre mira antes de saltar."
   d. "Todas las cosas buenas llegan para quien sabe esperarlas."

7. Está planeando sus vacaciones y puede optar entre un alojamiento de $150 por día con todos los servicios incluidos y otro que podrá definir una vez que arribe al lugar de destino y que implicaría pagar entre

$100 y $300 por día por un servicio similar, dependiendo de las vacantes que encuentre. Usted:

a. contrata directamente el servicio *all inclusive;*
b. pide recomendaciones a personas que ya estuvieron en el lugar;
c. elige la segunda opción pero contrata un seguro de viajes para cubrirse de pagar los montos más altos;
d. contrata directamente la segunda opción.

8. ¿Cuál de las siguientes expresiones describe mejor su postura con respecto al dinero?

a. "Un dólar ahorrado es un dólar ganado."
b. "Hay que gastar dinero para ganar dinero."
c. "Todo lo que entra, sale."
d. "Siempre que sea posible, conviene usar el dinero de los demás."

9. Quiere invitar a cenar a alguien especial en una ciudad que no conoce demasiado. Para elegir el restaurante:

a. busca críticas de los restaurantes en una revista especializada;
b. pregunta a sus conocidos si saben de alguno para recomendar;
c. llama a un conocido que vivió en esa ciudad años atrás;
d. recorre la ciudad antes de la cena para buscar algún restaurante que le agrade.

10. Va al casino por primera vez y juega a:

a. el tragamonedas con fichas de 25 centavos;
b. la ruleta con apuestas mínimas de $15;
c. el tragamonedas con fichas de $1;
d. el blackjack con apuestas mínimas de $25.

Calcular el puntaje final según el valor de cada respuesta:

1.	a = 4,	b = 1,	c = 3,	d = 2.
2.	a = 3,	b = 4,	c = 2,	d = 1.
3.	a = 1,	b = 4,	c = 2,	d = 3.
4.	a = 4,	b = 3,	c = 2,	d = 1
5.	a = 3,	b = 4,	c = 2,	d = 1.
6.	a = 4,	b = 3,	c = 2,	d = 1.
7.	a = 2,	b = 3,	c = 1,	d = 4.
8.	a = 2,	b = 3,	c = 1,	d = 4.
9.	a = 4,	b = 3,	c = 2,	d = 1.
10.	a = 1,	b = 3,	c = 2,	d = 4.

Diagnóstico

De 10 a 17 puntos: cuando se trata de dinero, usted no está dispuesto a enfrentar riesgos. Se opone aun cuando el rendimiento esperado de la apuesta sea alto. Su tolerancia al riesgo es muy baja.

De 18 a 25 puntos: usted es un inversionista medianamente conservador y su tolerancia al riesgo va de mediana a baja. Sólo toma decisiones cuando cuenta con toda la información existente y esta lo satisface.

De 26 a 32 puntos: usted es un inversionista bastante agresivo y su tolerancia al riesgo va de mediana a alta. Está dispuesto a tomar riesgos en sus decisiones siempre y cuando el rendimiento esperado lo justifique.

De 33 a 40 puntos: su tolerancia al riesgo es muy alta. Usted es un inversionista decididamente agresivo, para quien cualquier operación puede justificarse si el rendimiento esperado es alto. Ve al dinero como una herramienta para hacer más dinero.

| Test 2 | **COMPATIBILIDAD FINANCIERA** |

¿Están a punto de casarse o comprometerse y desean asegurarse de que son compatibles no sólo en el amor sino también en las finanzas? ¿Consideran que se manejan en formas diferentes con el dinero? ¿Nunca hablaron de dinero y quieren saber si piensan parecido? Este test, publicado originalmente en la revista argentina *Inversor Global*, podrá ayudarles a evacuar sus dudas e introducirlos en un tema no siempre tocado por las parejas, no al menos con la profundidad que requiere.

Al tratarse de un test sobre compatibilidades, su resultado servirá de indicador para saber cómo conciben las finanzas los interesados, pero nada dirá respecto de lo acertadas o erradas que pueden resultar sus ideas. Finalmente, el autor no se responsabiliza por las separaciones que pueda generar el cuestionario, aunque sí acepta ser invitado a los casamientos de aquellas parejas que se descubran compatibles.

Advertencia: cada uno deberá completar en soledad el test eligiendo una respuesta por pregunta. Una vez que ambos hayan terminado, deberán contar las coincidencias y leer el diagnóstico tomados de la mano.

Preguntas

1. ¿Con que frecuencia piensa que la pareja debería hablar sobre temas relacionados con el dinero?

   a. Todos los días.
   b. Una vez por semana.
   c. Esporádicamente y sólo si es estrictamente necesario.
   d. Nunca. Lo mejor es que uno de los dos se ocupe por entero del tema.

2. ¿Ha confeccionado o le gustaría confeccionar con su pareja una planilla donde planifiquen los gastos cotidianos y no cotidianos?

   a. No, no le veo sentido.
   b. Sí, lo hemos hecho o estamos a punto de hacerlo.
   c. No lo sé.
   d. ¿Para qué, si igual los dos somos un desastre manejando dinero?

3. ¿Cómo piensa que debería ser la división de los gastos en la pareja?

   a. Uno de los dos debería ocuparse de comprar todo.
   b. Deberíamos dividirnos los gastos según nuestros niveles de ingresos.

c. Todo nuestro dinero debería ir a parar a un pozo común con el que afrontar nuestras necesidades. Lo que sobre, se ahorrará.

d. Es un tema que no hace falta hablar. Paga el que tiene dinero en el momento.

4. ¿Le mintió alguna vez a su pareja sobre temas de dinero? ¿Por ejemplo, diciéndole que algo le costó menos que lo que realmente le había costado?

a. No, nunca.

b. Una o dos veces.

c. Solamente para los cumpleaños.

d. Sí, en varias oportunidades.

5. ¿Hasta qué monto siente que puede gastar sin consultarle a su pareja?

a. Menos de 30 dólares.

b. Entre 30 y 100 dólares.

c. Entre 100 y 300 dólares.

d. Nunca le pregunto antes de comprar algo.

6. ¿Cómo debería administrar una pareja el dinero que les da a sus hijos?

a. Mediante un sistema de premios según tareas realizadas y buena conducta.

b. Uno de los dos debería encargarse del tema y decidir cuándo dar o no dinero.

c. Uno debería encargarse de los gastos corrientes y el otro, de los extraordinarios (cumpleaños, festividades, etc...).

d. No es necesario planificar nada. Cada uno debería darles lo que le parezca correcto.

7. ¿Cómo piensa que debe educarse a los hijos con relación al dinero?

a. Haciendo que comprendan la importancia del dinero desde bien pequeños mediante libros y juegos vinculados con el tema.

b. Enseñándoles sólo lo básico y luego pagando un buen colegio que les enseñe el resto.

c. Preferiría sólo responder a las preguntas puntuales que me hagan y que aprendan el resto por su cuenta.

d. No veo la necesidad de hablar de dinero con los hijos. Hay temas más importantes.

8. ¿Cómo debe actuar una pareja que tiene hijos o planea tenerlos y desea velar por la seguridad económica de la familia?

a. Debe separar un porcentaje determinado de los ingresos de cada mes y colocar el dinero en un banco seguro para reducir al mínimo el riesgo.

b. Debe contratar un seguro de vida que cubra las necesidades económicas de la familia en caso de siniestro.

c. No es un tema a tocar. Puede traer mala suerte.

d. Si la pareja es joven, no debe pensar aún en ello. Ese tema es para parejas más grandes.

9. Si uno de los dos tiene éxito en la profesión y sus ingresos crecen exponencialmente, ¿qué cree que debe hacer?

a. Deberá hacerse cargo de todos los gastos de la pareja, aunque las decisiones financieras importantes continúen siendo tomadas de a dos.

b. La distribución de los gastos no deberá modificarse. El excedente deberá ahorrarse depositándose en una cuenta conjunta.

c. Deberá hacerse cargo de todos los gastos de la pareja y tomar las decisiones financieras importantes.

d. Lo que haga con el excedente es su problema siempre y cuando se ocupe de los gastos de la pareja.

Resultado

De 0 a 3 respuestas iguales: la compatibilidad financiera de la pareja es baja. Esto puede deberse a diferentes formas de concebir el dinero, pero también a que nunca se habló del tema en profundidad y no se establecieron acuerdos ni metas. Las personas en pareja crecen juntas y pasado un tiempo pueden llegar a pensar parecido en temas sobre los que al principio disienten. Es recomendable entonces analizar las diferencias observadas a partir del test y dialogar con tranquilidad cada tema.

De 4 a 6 respuestas iguales: existe cierta compatibilidad financiera. La pareja coincide en varios puntos, lo cual es muy positivo y permite augurar un futuro de entendimiento. De todos modos, sería conveniente no dejar pasar las diferencias, sobre todo cuando resultaron importantes. El diálogo puede ser muy enriquecedor para la pareja.

De 7 a 9 respuestas iguales: ¡que vivan los novios! Si no se casaron, a planificar la boda. Una alta compatibilidad financiera es el mejor aliado de una pareja enamorada.

Kiyosaki, o el padre de los nuevos ricos

> *Mi punto es que el escepticismo,*
> *el cinismo y las dudas*
> *son los que mantienen a la mayoría de la gente pobre*
> *y apostando a lo seguro.*
> *El mundo real está simplemente*
> *esperando a que te hagas rico.*
> *Sólo una persona con dudas se mantiene pobre.*

Robert T. Kiyosaki

Tiempo atrás me encontraba cenando en un restaurante de una elegante zona de Buenos Aires. Se celebraba el cumpleaños de una amiga y el clima en la larga mesa que armamos para la ocasión era realmente ameno. Tras conversar con varias personas, terminé enfrascado en una jugosa charla sobre finanzas con un tal José, sentado a mi derecha. Al cabo de una hora en que habíamos repasado la situación del mercado de acciones estadounidense, las políticas monetarias de la Reserva Federal y su posible influencia sobre las economías latinoamericanas, me preguntó como al pasar si había leído un libro de Robert T. Kiyosaki, *Padre rico, padre pobre.*

Recuerdo haberlo mirado con desilusión porque hasta ese momento me había parecido una persona muy formada en temas financieros. Incluso sentí cierta indignación: si le dije que era economista, ¿cómo podía preguntarme si consumía libros de autoayuda barata? Amablemente, le respondí que no, que lo había visto en alguna librería y que sabía de su éxito en ventas, pero que ni siquiera me había planteado comprarlo.

El que se sintió decepcionado entonces fue él. Sin darme tiempo a abandonar la conversación, comenzó a hablarme de las ideas de Kiyosaki y puntualmente del mencionado libro, insistiéndome en que no dejara de leerlo. Hasta esa noche, a causa de su título y de cierta crítica superficial en algún diario que ya no recuerdo, creía que se trataba de meros consejos de educación financiera para los hijos. Pero gracias a José, dos semanas después del cumpleaños de mi amiga estaba comprándolo.

Debo decirlo: el libro significó un punto de quiebre en mi enfoque acerca de las finanzas personales. Veamos por qué.

Kiyosaki y las emociones

*No se trata de cuánto dinero ganes.
Se trata de cuánto dinero puedas ahorrar,
de cómo ese dinero ahorrado trabaja para ti
y a cuántas generaciones posteriores
puedes mantener con lo ganado.*

Robert T. Kiyosaki

Kiyosaki nació el 8 de abril de 1947 en Hawai. Luego de servir al ejército estadounidense, trabajar como vendedor en Xerox y llevar adelante una empresa textil, se dedicó a escribir 18 libros que vendieron en conjunto decenas de millones de ejemplares en todo el mundo. Uno de los más vendidos de la última década es el citado *Padre rico, padre pobre*, basado en una premisa que merece al menos discutirse: las notables diferencias que existen entre las clases sociales dentro de una misma población y su persistencia a lo largo de generaciones se explica a partir del hecho de que las cuestiones relacionadas con el manejo del dinero se aprenden en el ámbito familiar y no en los colegios. Según el autor, en estos sólo se enseña a ser un buen empleado, cuando la cultura financiera de los futuros millonarios requiere otro tipo de conocimientos y filosofía.

De esta forma, en el texto se establece una suerte de diferenciación entre dos tipos de padres, uno pobre y otro rico, cuyos consejos se resumen en el siguiente cuadro.

Padre pobre	Padre rico
Estudia mucho y capacítate para trabajar en una buena empresa.	Estudia mucho y capacítate para comprar una buena empresa.
Hijos, la razón por la que no soy rico es que debo mantenerlos a ustedes.	Hijos, ustedes son la razón por la que debo ser rico.
Cuando se trate de temas de dinero, apunta a lo seguro y no corras riesgos.	Cuando se trate de temas de dinero, aprende a manejar el riesgo para ganar más.
Nuestra casa es la inversión más importante que tenemos, nuestro principal activo.	Mi casa es un pasivo. Y si tu casa es tu inversión más importante, estás en problemas.
Una buena empresa se hará cargo de tus necesidades. Es importante contar con una buena obra social, buenos aportes jubilatorios, vacaciones y posibilidades de aumentos salariales.	Los que piensan en trabajos "seguros" y con buenos beneficios son personas débiles financieramente. No tienen cultura financiera.
Te voy a enseñar a armar un buen cv para encontrar un muy buen trabajo.	Te voy a enseñar a armar un buen plan de negocios para que puedas crear trabajo para otros.

La figura del padre en Kiyosaki no tiene por qué corresponder al padre biológico. Bien puede ser un tío, un amigo de la familia o cualquier persona a la que se escucha desde pequeño y que capta nuestro interés al menos en materia financiera. Siguiendo los consejos del padre pobre –afirma Kiyosaki– se aprende a trabajar por dinero, mientras que siguiendo al padre rico se aprende a hacer que el dinero trabaje para uno.

Para lograr ese objetivo, el autor recomienda acudir a cursos financieros y no necesariamente financieros, como los de oratoria, marketing y ventas. Y, sobre todo, tener la mente abierta para descubrir y controlar aquellas emociones que puedan jugar en contra, como el miedo en relación con el trabajo. Sucede que cuando una persona dice "necesito encontrar un buen trabajo", es el miedo el que domina su pensamiento, el miedo a no tener dinero. Un paso clave hacia la superación de esta instancia implicaría preguntarse: "¿Será un trabajo la mejor solución para el largo plazo? ¿O el trabajo no es más que una solución para salir del paso?". Este enfoque novedoso en el ámbito financiero puede resultar chocante para muchos, dado que tener "un buen trabajo" es valorado socialmente pese a que constituye una trampa para quien desee alcanzar la independencia financiera.

El vínculo entre el dinero y las emociones parece apasionar a Kiyosaki, quien encuentra dos motivos para explicar la existencia de personas que, aun habiendo estudiado sobre finanzas y teniendo dinero para invertir, continúan sin poder dar el salto.

a. El miedo

Hemos hablado de su influencia al inicio del capítulo. Perder dinero es algo que todo inversionista experimentó o experimentará en su vida en mayor o menor medida. A juicio de Kiyosaki, el problema no es sentir temor ante la posibilidad de que el hecho se produzca, sino no poder controlarlo. Y así como hay personas que les tienen fobia a los lugares cerrados, al agua o los insectos, existen inversionistas fóbicos a la pérdida de dinero. Este tipo de inversionistas suele recurrir a asesores financieros para que les armen un portfolio "seguro". Allí predominan los plazos fijos, los *money markets*, los bonos del Tesoro de los Estados Unidos, etc. El resultado es un portfolio exageradamente diversificado y conservador que refleja la intención del inversionista de jugar a no perder antes que a ganar. El miedo paraliza, lo hemos dicho. Y deja huellas: conozco gente que demoró años en volver a invertir luego de sufrir en carne propia o incluso sortear los efectos de una crisis, con lo que dejó pasar la oportunidad de invertir en activos cuyos precios deprimidos no tenían otra razón de ser más que el pánico generalizado y la necesidad de muchos de hacerse de efectivo, al costo que fuera.

Pues bien, como cura a esta fobia, Kiyosaki recomienda tomar con naturalidad los desaciertos financieros y comprender que a cada jugada ganadora le sigue una perdedora y que la clave reside en ganar en las buenas más de lo que se pierda en las malas.

Hay que concentrarse e invertir el dinero en pocos activos en lugar de repartirlo entre muchos que, en conjunto, a lo sumo rendirán aceptablemente, recomienda un Kiyosaki salvaje. Sin adherir a sus palabras, podemos reconocerle, no obstante, su valor crítico. Sucede que muchos inversionistas confunden diversificación con comprar muchos activos de distintos nombres. Así, las carteras que conforman no sólo terminan teniendo una muy baja rentabilidad esperada (en algunos casos, inferior a la de un plazo fijo), sino que además se encuentran pésimamente diversificadas, con activos altamente relacionados entre sí.

b. Cinismo

Recordando algunas premisas del movimiento filosófico desarrollado en la Grecia de los siglos IV y III antes de Cristo, Kiyosaki utiliza el término para referirse a aquella actitud de rechazo a la riqueza basada en la idea de que, tarde o temprano, los bienes materiales que se posean, se perderán. A diferencia de aquellos filósofos cínicos, los inversionistas o potenciales inversionistas de hoy asumen esta postura de manera instintiva y gustan acudir al "qué pasaría si…" para justificar su inacción. "¿Qué pasaría si después de invertir el mercado colapsa?" y "¿Qué pasaría si pierdo dinero y no puedo pagar el préstamo del banco?" son típicas preguntas que acobardan al inversionista y lo hacen perder cientos de oportunidades. ¿Cómo superar este obstáculo? Siendo optimistas: "¿Que pasaría si gano el dinero suficiente como para nunca más tener que trabajar en proyectos ajenos?".

Contabilidad: todo lo que nos enseñaron está mal

> *El colegio está diseñado para*
> *producir buenos empleados*
> *en vez de buenos empleadores.*
>
> Robert T. Kiyosaki

Dentro o fuera del colegio a todos nos explican qué significa un activo y un pasivo. Se nos indica que el primero se computa en la columna de la izquierda y el segundo en la de la derecha de la "T" contable. Y que si quiero obtener mi patrimonio neto, debo restarle mi pasivo a mi activo.

Kiyosaki, disconforme con lo establecido, discute la raíz misma de la fórmula: activos no son necesariamente una casa o un coche. Es más, lo usual es que debamos definirlos como pasivos. ¿Cómo llega a esa conclusión? Redefiniendo las nociones fundamentales: activos, dice, son todos aquellos bienes que generan ingresos con frecuencia, mientras que los pasivos son aquellos que demandan gastos. Por lo tanto, una casa puede ser un activo siempre y cuando la alquile. Ampliando la idea, podemos considerar de igual forma a un coche cuando nos resulte necesario para trabajar y obtener dinero. De lo contrario, deberán considerarse pasivos.

Dice el autor que esta idea, tal vez chocante para el común de la gente, es compartida por las clases altas, que mejoran sus condiciones de vida (pasivos) una vez que el ingreso vía activos supera sus gastos fijos. Por el contrario, sectores medios y bajos adquieren pasivos confundiéndolos con activos y luego se ven obligados a trabajar más duramente para mantenerlos.

Vayamos a un ejemplo: supongamos que una persona desea mudarse a una casa más grande o comprarse un coche cero kilómetro, pero por el momento no tiene el dinero para hacerlo. Si fuera una persona sin cultura financiera, sacaría un crédito en un banco para pagar el nuevo bien en "cómodas cuotas". Desde la visión contable ortodoxa, estaría incrementando su activo (por la adquisición de la vivienda o el coche más caro) pero también su pasivo (por la deuda contraída) en la misma magnitud, por lo cual nada cambiaría. Sin embargo, lo que esta lectura no considera es que el nuevo bien probablemente signifique abonar impuestos más caros y obligue a la persona a esforzarse más en su trabajo para conseguir un ascenso que le permita afrontar ese incremento de sus costos fijos, que irán *in crescendo* a medida que el bien más caro requiera mantenimiento.

Un día, imagina Kiyosaki, el deudor despertará angustiado pensando en lo agotado que está y buscando una salida a su situación. Sólo entonces comprenderá que se halla inmerso en "la trampa de la rata": adquirió activos que sólo puede mantener con mayor esfuerzo, en lugar de disfrutarlos.

El camino que se propone para eludir esa trampa y triunfar financieramente es acumular activos reales, bienes que generen un flujo de fondos tal que con él podamos cubrir nuestros gastos mensuales e incluso incrementar nuestra capacidad de ahorro, para recién luego comenzar a mejorar nuestra calidad de vida desde lo material.

La pregunta del millón es cuáles son esos "activos reales". Aquí, el listado de Kiyosaki.

➢ Empresas que no requieren de nuestra presencia para funcionar.
➢ Acciones.
➢ Bonos públicos o privados.
➢ Fondos Comunes de Inversión.

> Tierras o bienes inmuebles para alquilar.
> Regalías por derechos de autor, patentes, etcétera.
> Cualquier cosa que tenga valor y genere ingresos.

Como es natural, corresponde realizar algunas observaciones sobre la lista con el fin de adaptarla a la realidad latinoamericana. Concebir a las acciones como activos reales, por ejemplo, puede no resultar apropiado en estas latitudes, donde la estrategia de comprar y esperar (*buy and hold*, en inglés) muchas veces genera pérdidas en lugar de ganancias, sea por la caída de esas acciones, como por la depreciación de la moneda local. De todas formas, globalización mediante, nada le impide a un inversionista latinoamericano adquirir acciones de empresas del Primer Mundo.

En segundo término, la inversión en bonos debe remitirse a apuestas seguras para ser incluida en la lista. Debemos estar seguros de que el emisor no quebrará ni postergará el pago de intereses y la devolución del capital. ¿Hace falta recordar las veces que distintos países de la región solicitaron prórrogas y renegociaron compromisos financieros?

El trabajo y el dinero

Para mí, el dinero es importante.
Sin embargo, no quiero pasarme la vida
trabajando para conseguirlo. Esa es la razón
por la que decidí no ser empleado.

Robert T. Kiyosaki

El cuadrante del flujo del dinero es un libro clave de Kiyosaki, superior al best seller *Padre rico, padre pobre*. Allí el autor realiza un minucioso análisis mediante una figura que le sirve para determinar desde qué posición obtiene cada persona sus ingresos:

Empleado	Dueño del negocio
Autónomo	Inversionista

Como puede observarse, Kiyosaki encuentra cuatro tipos de actores distintos vinculados con el dinero: el empleado, el autónomo, el dueño del negocio y el inversionista. El primero es aquel que se desempeña en relación de dependencia y cuyos ingresos provienen del sueldo que le paga el empleador. El autónomo es quien vende sus servicios a distintos postores y cobra por hora, por trabajo, etc. El dueño de un negocio posee desde un pequeño local hasta una empresa y participa activamente en su funcionamiento. Finalmente, el inversionista es aquel que recibe dinero sin mayor esfuerzo.

Por supuesto, puede pasar que nuestros ingresos provengan a la vez de distintas fuentes y en ese caso será importante determinar la ponderación de cada uno en el total. Es claro que la mayoría de las personas preferirá encontrarse en el extremo derecho del cuadrante, es decir, ser dueña del negocio o inversionista. Si el lector duda respecto de cuál de esos casilleros elegir como meta económica, Kiyosaki no lo hace: la diferencia entre el dueño de un negocio y un inversionista –dice– reside en que este último puede tomarse un año sabático, regresar y comprobar que sus ingresos no se han modificado sustancialmente. Advierte, de todos modos, que se puede ser exitoso ubicándose en cualquiera de los casilleros, al tiempo que ninguno garantiza de por sí el bienestar económico.

En casa de herrero, ¿cuchillo de palo?

*Lo único que hace Kiyosaki
es operar un culto a su personalidad.*

John T. Reed

Navegando por distintos foros de la Web es sencillo encontrar acaloradas discusiones acerca del valor de la obra de Kiyosaki, para cuyos detractores ni siquiera es autor de la mayoría de los libros que llevan su firma. Pero, ¿por qué despierta tanta polémica? ¿Por qué resulta tan difícil hallar críticos objetivos de su obra, en lugar de fanáticos o enemigos? Entiendo que se debe a los temas que toca y a la polémica premisa que sostiene su pluma, aquella que asegura que cualquiera puede ser rico si se lo propone.

Su fortuna, insisten sus detractores, fue concebida al calor de las ventas de los libros, donde se profesa una filosofía que él jamás puso en práctica. De hecho, dicen no haber encontrado registros que den cuenta de las exitosas inversiones en bienes raíces en Phoenix, Estados Unidos, que Kiyosaki citó en su defensa.

Justamente uno de sus críticos más duros proviene de esa industria. Se llama John T. Reed y es uno de los gurúes del sector en los Estados Unidos. Reed acusa al escritor de ser un mero recolector de viejos clichés acerca del dinero, un hombre capaz de repetir hasta el hartazgo –aunque sabiendo modificar los términos– dos o tres párrafos coherentes de finanzas personales.

Reed gusta contar una anécdota que vale más que cualquier crítica: tiempo atrás, un sitio denominado ABC 20/20 (www.abcnews.go.com/) organizó un concurso para emprendedores que consistía en darles U$S1.000 a tres participantes, quienes –bajo supervisión del propio Kiyosaki– debían invertir el dinero con éxito durante 20 días. Los resultados fueron realmente desalentadores: uno perdió todo, otro terminó con los mismos u$s1.000 con que había empezado y el último logró ganar u$s243. Finalizado el concurso, el primero declaró que su mentor no había colaborado en la misión y simplemente se había limitado a aconsejarle que abriera su mente a la posibilidad de ganar, hecho que pareciera describir de cuerpo entero a un Kiyosaki usualmente cuestionado por sus recomendaciones demasiado generales en cuanto a los instrumentos que se deben elegir, las técnicas a emplear y las estrategias a desarrollar para cosechar fortunas en esta vida.

Conclusiones

¿Es entonces Kiyosaki un profeta del dinero, o estamos en presencia de un muy buen vendedor de libros que no hizo más que un refrito de lo escrito por otros hasta el momento? Con seguridad, no es un profeta. Pero tampoco se limita a remozar viejos clichés. Su objetivo es estimularnos para que desconfiemos de los conocimientos establecidos como verdades indiscutibles, e impulsarnos a recorrer nuevos caminos, en teoría promisorios. Allí radica su verdadero valor.

Ahora bien, ¿son aplicables sus ideas en Latinoamérica, o sus consejos tienen sentido únicamente en economías como la estadounidense, que en tiempos de normalidad permiten comprar todo a crédito y a tasas bajas? Evidentemente, algunas no son aplicables en absoluto, pero muchas otras sí lo son. Veamos un ejemplo de cada una: Kiyosaki manifiesta haber amasado gran parte de su fortuna invirtiendo en el mercado de bienes raíces norteamericano, donde –nuevamente, en épocas de estabilidad financiera– los inversionistas pueden adquirir un inmueble pagando sólo el 10% en concepto de anticipo y el resto en cuotas verdaderamente cómodas al 5% de interés anual, especulando con venderlo a mejor precio en un futuro no muy lejano. Esa estrategia es impracticable en la mayoría de los países de nuestra región, donde las tasas efectivas para préstamos hipotecarios en dólares no bajan de los dos dígitos y donde el anticipo debe ser mucho mayor que el 10% del total.

Por otra parte, en *El cuadrante...*, el autor realiza un análisis muy interesante de las crisis financieras, con consejos más que útiles para las personas, quienes como trabajadores tal vez teman por sus empleos pero como inversionistas deberían aprovechar esos momentos para hacerse de activos con futuro valuados a precios de remate. En Buenos Aires, recordemos, hubo departamentos céntricos que se vendían a menos de 10.000 dólares en plena devaluación del año 2002, cuando el *default* ya era un hecho. Hoy no se consiguen ni pagando cinco veces aquellos precios.

Probablemente, las opiniones divididas respecto del valor de la obra de Kiyosaki persistan. Sin embargo, siempre debería primar la idea de leerlo. De lo contrario, podría estar descartándose de antemano una visión distinta y fructífera de la realidad.

Test 3	**EL MILLONARIO**

¿Qué significa ser millonario? Según la definición de diccionario, poseer unidades monetarias por millones o directamente ser rico o acaudalado. Sin embargo, existen interpretaciones alternativas que juzgan millonarios a quienes perciben en concepto de renta el suficiente dinero como para cubrir sus necesidades, pagar sus caprichos e incluso incrementar su capital.

Más allá de la discusión que se pueda dar en torno a la acepción del término, lo cierto es que formar parte de ese privilegiado grupo continúa siendo el objetivo último de la mayoría de los inversionistas, quienes al menos una vez en la vida se preguntan seriamente cómo lograrlo.

Esperamos entonces que este test sirva para despejar el camino hacia el éxito. Por supuesto, para realizar una correcta autoevaluación resulta fundamental que el lector responda a cada pregunta con honestidad, eludiendo la respuesta que intuya correcta si no se condice con sus creencias más profundas ni con su práctica cotidiana.

¡Mucha suerte!

Preguntas

1. Ganar mucho dinero es producto mayoritariamente de:

   a. buena suerte;
   b. esfuerzo;
   c. buenas ideas.

2. El activo más importante que posee es:

   a. no tiene activos, sólo deudas;
   b. su casa y/o su auto;
   c. sus inversiones.

3. El mejor trabajo para lograr el éxito financiero es:

   a. uno independiente, no importa tanto en qué rubro;
   b. algún puesto gerencial en una multinacional;
   c. tener libertad para aprovechar las oportunidades del mercado.

4. El riesgo en las finanzas:

   a. es algo que debe ser eludido o reducido a la mínima expresión;
   b. es inherente a las inversiones, y no debe ser tenido muy en cuenta;
   c. es inherente a las inversiones, y hay que aprender a manejarlo.

5. Cuando recibe una jugosa recompensa por su trabajo:

    a. siente que no la merece; le genera culpa y trata de gastar rápido el dinero;

    b. no está seguro de merecerla y ofrece servicios extra en forma gratuita para justificar la paga;

    c. invierte el dinero en busca de mayores ingresos.

6. Sus gastos mensuales:

    a. no deben ser controlados en absoluto; gasta en lo que necesita y/o desea;

    b. deben ser controlados en detalle para evitar el derroche;

    c. deben ser controlados pero no al punto de limitar las inversiones destinadas a incrementar su capital.

7. Cuando piensa en su retiro:

    a. se pone nervioso, prefiere no pensar;

    b. se siente tranquilo y satisfecho por haber realizado siempre los aportes jubilatorios y no tener deudas;

    c. piensa que podrá vivir de sus inversiones y no se preocupa por el ingreso que pueda obtener del sistema previsional.

8. A la hora de decidir dónde invertir su dinero:

    a. le pide consejos a algún amigo o conocido que cree sabe del tema;

    b. contrata a un buen asesor financiero y deja todo en sus manos;

    c. investiga y se capacita para entender sobre finanzas y asume la responsabilidad por el destino de sus inversiones.

9. Las rentabilidades superiores al 50% anual:

    a. son imposibles;

    b. existen, pero sólo pueden alcanzarlas los gurúes de las finanzas o las personas altamente capacitadas;

    c. existen y están al alcance de cualquier persona que las busque con decisión.

Calcular el puntaje final según el valor de cada respuesta

1. a: 0 puntos,   b:1 punto,   c: 2 puntos.
2. a: 0 puntos,   b:1 punto,   c: 2 puntos.
3. a: 0 puntos,   b:1 punto,   c: 2 puntos.
4. a: 0 puntos,   b:1 punto,   c: 2 puntos.
5. a: 0 puntos,   b:1 punto,   c: 2 puntos.
6. a: 0 puntos,   b:1 punto,   c: 2 puntos.
7. a: 0 puntos,   b:1 punto,   c: 2 puntos.
8. a: 0 puntos,   b:1 punto,   c: 2 puntos..
9. a: 0 puntos,   b:1 punto,   c: 2 puntos.

Diagnóstico

De 0 a 5 puntos: o revisa su filosofía financiera, o renuncia a la posibilidad de alcanzar el título de millonario. La mayoría de los que lo han logrado coinciden en que al dinero se lo debe ver reflejado en ideas brillantes o innovadoras, y no como una meta a alcanzar muy de a poco y con mucho esfuerzo. Lo ideal es abrir la mente lo suficiente como para hallar negocios con altas tasas de rendimiento y jugarse.

De 6 a 14 puntos: comprende bien ciertos conceptos necesarios para convertirse en millonario. Debe seguir en esa línea e incrementar el tiempo dedicado a la capacitación financiera y a la búsqueda de negocios rentables. Es importante entender que el camino al éxito está plagado de fracasos. ¡A no desanimarse!

De 15 a 18 puntos: si aún no llegó a su primer millón, ¿qué se lo está impidiendo? Sabe perfectamente qué hacer para lograr el éxito. Mientras no se aparte de esta línea y persevere en su objetivo, el millón llegará, es sólo cuestión de tiempo.

| Ejercicio 2 | **LA ENTREVISTA** |

Busque una persona a quien admire desde el punto de vista financiero por los resultados que haya obtenido a lo largo de su carrera y solicítele una entrevista. Anote las respuestas.

Cuestionario

1. ¿Cómo hizo su fortuna?
2. ¿Cuánto tiempo le llevó?
3. ¿Cuánto tiempo le llevaría hoy volver a lograrla?
4. ¿Qué estrategia siguió para conseguirla?
5. ¿Puede llevarse a la práctica hoy?
6. ¿Cuánto tiempo le llevaría transmitirle a alguien sus conocimientos sobre temas financieros?
7. ¿Qué me recomendaría hacer para llegar a ser millonario?
8. ¿Cuál fue la lección más importante que aprendió sobre finanzas?
9. ¿Qué legado pretende dejar?
10. ¿Cuál es su principal hábito vinculado con las finanzas?
11. ¿Qué oportunidades cree que no tiene tiempo de aprovechar?

Finalizada la entrevista, reflexione

1. ¿Qué conclusiones sacó del encuentro?
2. ¿Qué ideas o enseñanzas le dejó?
3. ¿Qué acciones concretas pondrá en marcha a partir de la entrevista?
4 ¿Qué rasgo o cualidad del entrevistado cree poder imitar?

3. DE CONCEPTOS Y ESTRATEGIAS

Introducción

Es hora de comenzar a embarrarnos los pies, de acercarnos al mercado analizando las herramientas y estrategias más utilizadas por quienes se toman en serio esto de invertir en activos financieros.

También –porque sólo con los conocimientos teóricos no basta– de adentrarnos en historias de vida únicas que nos trasladarán, al menos mentalmente, al mundo de la práctica inversionista. Historias que hablan de personajes muy exitosos y, en algunos casos, totalmente ignorados por el público interesado en la actualidad de los mercados y las finanzas personales.

Para el final, luego de un nuevo test que nos ayudará a repasar lo leído, nos espera el *bonus track*: un artículo sobre el sector que hoy ostenta el mayor potencial de crecimiento económico y financiero y que aún permanece alejado de la mira de la mayoría, tal vez eclipsado por el fenómeno de Internet. ¡Vamos a conocerlo!

¿Análisis fundamental vs. análisis técnico?

Existe una vieja discusión en el mercado acerca de cuál de estos enfoques conviene utilizar a la hora de intentar adivinar el rumbo que tomarán los precios de un activo financiero. Los más radicales entre los partidarios del análisis fundamental (AF) sostienen que el análisis técnico (AT) carece de sentido, dado que se basa en el estudio de la trayectoria histórica de los precios para dibujar su posible evolución a futuro, cuando a juicio de estos analistas el comportamiento de un activo en el pasado no tiene por qué incidir en su destino.

Desde la otra vereda, los fanáticos del AT consideran que toda la información de tipo fundamental que pueda afectar a un activo se encuentra descontada por el mercado y reflejada en sus precios, y que ninguna investigación particular sobre su situación puede cobrar mayor validez que el juicio del mercado. En consecuencia, la única vía posible de análisis remite al estudio de los gráficos de los activos y de los índices que los comprenden.

Desde aquí se propone asumir una postura diferente: complementar y potenciar ambos enfoques en lugar de oponerlos. Una alternativa interesante es apelar al AF para elegir el país, el sector y la empresa puntual donde invertir, y recurrir al AT para definir cuándo comprar y cuándo vender el activo. La decisión, en manos del lector.

Análisis fundamental, clave en el largo plazo

Enero de 1998. El periódico español *Expansión* desafía a los especialistas del mercado en un artículo titulado "El mono contra los analistas". Con los ojos vendados, un chimpancé bautizado Merlín sería inducido a lanzar dardos contra la tabla de cotizaciones de un ejemplar del matutino, selec-

DE CONCEPTOS Y ESTRATEGIAS

cionándose como inversión las acciones sobre las cuales impactasen los dardos. Ese portfolio competiría con los confeccionados por prestigiosos *brokers* como AB Asesores, Beta Capital y Merrill Lynch.

El objetivo del inédito experimento era demostrar cuán impredecible es el comportamiento del mercado y cómo una cartera de valores seleccionados al azar por un mono puede superar en rentabilidad a otra elaborada por expertos en base a las cualidades de las empresas elegidas.

¿Cómo terminó la competencia? Al principio los resultados de Merlín fueron discretos, pero hacia el cuarto mes su cartera marchaba primera con un rendimiento de 63%, mientras que AB Asesores y Beta Capital, sus inmediatos perseguidores, habían logrado rentabilidades de 43 y 41%, respectivamente. Por causas desconocidas, el torneo fue interrumpido y el mono no pudo llevarse la corona pese a las amplias chances de ganar con que contaba.

¿Adónde pretendemos llegar con esta anécdota? ¿Acaso todos deberíamos vendarnos los ojos y comenzar a lanzar dardos frenéticamente para hacernos ricos? ¿El mercado es puro azar y no tiene sentido analizarlo? Nada de eso. Que el azar domina la escena en el corto plazo es indiscutible, pero para alcanzar el éxito en el mediano o largo plazo, es fundamental realizar estudios rigurosos y no confiar únicamente en el olfato o la puntería.

Ahora bien: ¿cuál es la información que debemos tener en cuenta al evaluar a una empresa para invertir? He aquí la pregunta que intentan responder continuamente los partidarios del análisis fundamental.

Definición del análisis fundamental

A grandes rasgos, el AF se basa en el estudio de los *fundamentals* de las empresas: estados contables, estados financieros, proyecciones de ventas, management, valor de la marca, etc. A partir de las bondades y defectos de las compañías, los especialistas tratan de hallar precios objetivos hacia los que deberían tender las acciones que cotizan en el mercado.

La principal premisa de esta escuela indica que las empresas poseen un valor intrínseco y que la clave reside en dar con los factores que permitan calcularlo con precisión.

Desde el AF se reconoce que existe infinidad de datos disponibles para el análisis, por lo que se sugiere comenzar abordando aquellos considerados indispensables: además de los citados en el párrafo anterior, encontramos la comprensión del negocio al que se dedica cada compañía, sus proyecciones, las perspectivas del país o los países donde opera, las del sector al que pertenece y las tasas de descuento relevantes en la economía, es decir, las tasas de interés vigentes en el mercado que nos permitirán traer a valor presente un monto esperado en el futuro.

Como el lector podrá imaginarse, existen distintas fórmulas para encarar el AF de una empresa y buscar su precio objetivo o determinar si sus acciones están caras o baratas en relación con sus pares del mercado. Aquí resumimos tres de las más populares, complementarias antes que suficientes.

1. Descuento de *cash flow* (flujo de fondos)

El valor de una empresa puede ser entendido como el valor de su patrimonio neto (activos menos pasivos) más su VANOC (valor actual neto de las oportunidades de crecimiento).

Para llegar al VANOC se debe realizar una estimación de los flujos de fondos netos que generarán los nuevos proyectos de la compañía, trayéndolos al presente luego de aplicarles una tasa de descuento que refleje tanto el costo de oportunidad del capital —el costo de invertir el dinero en la firma en lugar de depositarlo en una entidad financiera para cobrar intereses– como el riesgo de la firma, que debería elevar en algunos puntos la tasa.

Una vez determinada la tasa de descuento de la empresa –a la que también se puede llegar observando la exigida por los accionistas de las competidoras, en caso de cotizar estas en Bolsa–, se obtiene el VANOC y se lo divide por la cantidad de acciones emitidas por la compañía, cálculo que permite determinar un precio X por acción.

Si ese precio resulta inferior que el de mercado, puede decirse que la empresa se encuentra subvaluada en la Bolsa, mientras que se la debería juzgar sobrevaluada si el resultado supera al precio en plaza.

2. Ratio precio/ganancias *(price/earnings)*

La fórmula consiste en dividir el precio de la acción por las ganancias por acción pasadas o esperadas, según el criterio del analista.

Por ejemplo, si el precio de las acciones de la empresa XYZ en el mercado es de $43 cada una y sus ganancias por acción fueron de $1,95, el ratio precio/ganancias (P/E, por sus iniciales en inglés) será igual a 22,05 (43/1,95).

En general, un alto P/E sugiere que el mercado espera ganancias crecientes para la empresa, lo cual suele suceder con las firmas ligadas al desarrollo de nuevas tecnologías. Mientras que uno bajo habla de incertidumbre respecto del futuro o indica que la empresa pertenece a un sector donde la actividad y los beneficios corporativos se mantienen relativamente constantes, como el de los servicios públicos.

En este sentido, cabe señalar que a la hora de evaluar el P/E de una empresa lo más conveniente es observar su evolución histórica y compararlo con el de compañías parecidas y con el promedio del resto del mercado.

Finalmente, no está de más saber que las ganancias proyectadas por una empresa pueden ser manipuladas contablemente con el fin de incentivar a los inversionistas a comprar acciones en el mercado y a aceptar precios más altos en una emisión. En consecuencia, antes de actuar en base a los números provistos por la sociedad, es recomendable cruzar los pronósticos con los de analistas externos.

3. Ratio precio/valor libro *(price to book)*

El valor libro de la acción de una empresa es su valor contable, calculado a partir de la división del patrimonio neto de la compañía por la cantidad de acciones que la componen. Al ratio se lo calcula entonces dividiendo el precio de la acción por su valor libro correspondiente al último cuatrimestre y se lo compara con el del promedio del mercado para intentar determinar si se encuentra bajo o alto.

Si resulta bajo, puede significar que los títulos están subvaluados o que algo anda mal en la compañía. Si resulta alto, puede indicar que el mercado juzga desactualizado el valor libro en relación con los activos que dejaría la sociedad en caso de caer en cesación de pagos, interpretación que lleva a los inversionistas a pagar más por las acciones.

En el caso de las empresas tecnológicas, el P/B (por sus iniciales en inglés) pierde cierta legitimidad debido a que muchas de estas firmas poseen activos tales como patentes o la propiedad intelectual de algún bien, que pueden representar una parte importante de su valuación de mercado y que no están contempladas en el cálculo del ratio por tratarse de activos intangibles.

Ejemplo de análisis *top-down*

El análisis *top-down* es aquel que comienza por lo general y se acerca gradualmente a lo particular, aquel que nos permite hacernos una idea de la situación del conjunto para luego buscar las oportunidades puntuales de inversión.

En el siguiente cuadro se comparan los promedios de los ratios mencionados para las acciones estadounidenses, europeas y de los mercados emergentes con el fin de graficar cómo puede orientarse la búsqueda de empresas a partir de la fórmula que deseemos priorizar.

Ratios de acciones, por región

Activos	Precio/ganancias	P./valor libro	Tasa de dividendos
Acciones de los EE.UU.	18,12	3,12	1,85
Acciones de Europa	18,18	2,58	2,14
Acciones de países emergentes	16,34	2,61	2,36

Fuente: Agileinvesting.com

El cuadro fue confeccionado en tiempos de auge de las Bolsas, allá por abril de 2006. Para las acciones estadounidenses, el múltiplo P/E era relativamente bajo en relación con su promedio histórico, debido a que su margen de ganancias se encontraba en máximos. Para las de países emergentes, en cambio, el ratio se encontraba en niveles récord debido en buena medida a la alta tasa de crecimiento que presentaban las economías emergentes y a su aparente solidez fiscal, fenómenos que permitieron reducir momentáneamente las brechas entre los cocientes exigidos a unas acciones y a otras.

Siguiendo la línea de razonamiento, si estuviésemos buscando acciones con alto P/E, deberíamos concentrarnos entonces en las europeas e ir discriminando por países y sectores hasta alcanzar el objetivo.

Si, por el contrario, buscásemos empresas con ratio precio/valor libro alto, deberíamos focalizarnos en las estadounidenses para luego discriminar por industria.

Finalmente, si deseáramos lograr una alta tasa de dividendos, deberíamos bucear entre las acciones de países emergentes hasta hallar compañías con atractivas promesas de pago de dividendos. Es decir, aquellas que ofrezcan más que el promedio de su sector.

Análisis técnico para maximizar sus inversiones

Con el análisis técnico ocurre algo ciertamente curioso: al tiempo que es excluido de la mayoría de los programas de grado y posgrado en Finanzas de las universidades públicas y privadas, la demanda de investigaciones elaboradas mediante este método no cesa y los inversionistas se muestran cada vez más interesados en aprender a utilizarlo.

Si el interés del público por el AT crece año tras año, ¿por qué las universidades no lo suman a sus materias? ¿Por qué la oferta de cursos se limita a centros de estudios privados y pequeños, no siempre sencillos de encontrar? Evidentemente, los prejuicios que mencionábamos al inicio del capítulo sobre los distintos enfoques –en este caso, sobre el AT– dominan a la academia.

Dispongámonos entonces a repasarlo muy sintéticamente para que el lector que desee profundizar en la materia recurra a la bibliografía correspondiente.

¿Qué es el análisis técnico?

El AT –lo hemos adelantado– es un método que intenta predecir el comportamiento de un activo a partir del estudio de sus gráficos históricos de precios y volúmenes, gráficos que pueden contener datos del mismo día en que se practica el análisis, de la última semana, mes, semestre, año, lustro, década o del lapso requerido por el especialista.

Generalmente, esta escuela no otorga mayor importancia al valor que por fundamentos deberían tener los activos bajo análisis. Sus decisiones de inversión se encuentran más bien ligadas al uso de gráficos y demás herramientas que permitan anticiparse a futuros movimientos de precios y beneficiarse con ellos. Incluso, muchos *traders* que utilizan el AT no se preocupan siquiera por averiguar a qué se dedica la empresa cuyas acciones están operando.

El siguiente ejemplo sirve para ilustrar las diferentes formas en que los analistas técnicos y fundamentales encaran el mercado: imaginemos que dos analistas –uno de cada escuela– deben adquirir un artículo cada uno en un centro comercial. El fundamental iría tienda por tienda estudiando las particularidades de cada producto, para luego decidirse por aquel que considerara más barato a partir de la relación precio/calidad. El técnico, en cambio, estudiaría en la entrada de cada local el movimiento y comportamiento de los clientes, eligiendo finalmente aquel que en breve resultará más demandado y subirá de precio.

Estudiando el chartismo

Un *chart* no es otra cosa que un gráfico donde se dibuja el recorrido de las cotizaciones de un activo financiero (acciones, bonos, materias primas, etc.). En su eje vertical se fijan las cotizaciones y en el horizontal, el tiempo, cuya unidad de medida puede ir desde minutos hasta años.

El chartismo, como método de análisis, forma parte del AT. Quien lo utiliza busca descubrir y actuar en función de las figuras que trazan las cotizaciones de un activo durante un período de tiempo determinado. Su origen se remonta al año 1900, aunque se afianzó con la crisis del '30, cuando los análisis por *fundamentals* no lograron predecir la caída ni la posterior recuperación del mercado accionario estadounidense.

Su objetivo último es hallar tendencias en la evolución de los precios, discriminando entre alcistas, laterales y bajistas, e identificar aquellas variaciones puntuales que indican justamente un cambio de tendencia.

Tendencias alcistas

Veamos a continuación un *chart* de las acciones de la petrolera Chevron Texaco Corporation (cvx) elaborado con cierres de precios diarios durante un período de tres años.

Se observa una clara tendencia alcista a lo largo del período, que se inicia con la petrolera cotizando en aproximadamente 55 dólares y finaliza con la acción en 84,40 dólares, luego de registrar máximos próximos a los 105 dólares en el último tramo.

Las tendencias alcistas se caracterizan por registrar precios máximos y mínimos cada vez más elevados. En rigor, mientras se van marcando nuevos máximos, los mínimos ya no se quiebran. Ni siquiera se miran de cerca.

Los operadores suelen decir que un activo cotiza en máximos cuando opera a un precio superior al de sus últimas

52 semanas (aproximadamente, un año). En mínimos estará, entonces, cuando se negocie en valores inferiores a los de ese lapso.

Para que la línea de tendencia trazada sea válida, debe contar con al menos tres puntos que la conformen. Una estrategia básica y bastante efectiva consiste en adquirir acciones con tendencia alcista en los momentos en que la línea de mínimos es testeada, aguardando que la respete y prosiga su camino alcista en busca de nuevos máximos.

Tendencias bajistas

Ahora veamos un ejemplo opuesto. En este caso, la acción de Citigroup Inc. (c), inmersa en una clara tendencia bajista.

Notamos que en el recorte de tiempo graficado, c experimenta una caída que lo lleva desde el nivel de 55 dólares hasta el de 19 dólares, en un período de tiempo lo suficientemente prolongado que permite imaginar en extremo lejanos los máximos del lapso y con mínimos que van renovándose de manera cada vez más frecuente.

La estrategia lógica sería jugar a la baja alquilando acciones de la empresa para venderlas cuando testeen la línea descendente de máximos y recomprarlas para devolvérselas al prestamista aún más abajo (*short selling*), cuando caigan hasta la línea de mínimos.

Si el inversionista es más cauteloso o no desea jugar a la baja, simplemente puede mantenerse alejado del papel mientras la tendencia bajista no se quiebre.

Tendencias laterales

Se habla de tendencia lateral cuando una acción opera atrapada dentro de un canal con límites máximos y mínimos horizontales. Los precios suben entonces hasta el techo del canal y ceden, para rebotar en el piso, también respetado.

Una figura de este tipo dibujó la acción de Kraft Foods Inc (KFT). Puede verse en el siguiente gráfico elaborado con cierres semanales de precios.

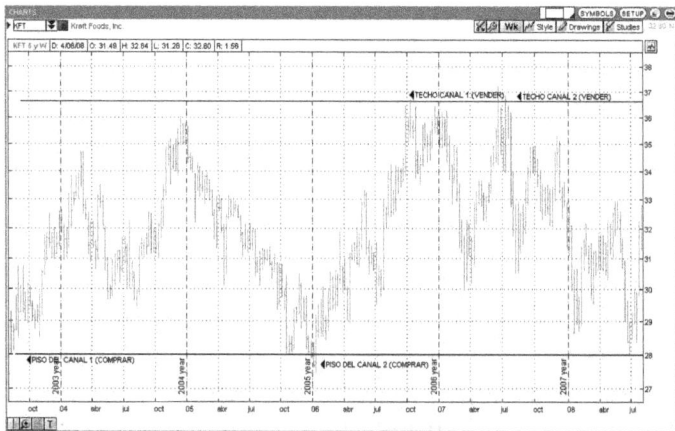

El manual aquí indica comprar cuando la acción testea el piso del canal y vender cerca del techo. Los inversionistas más arriesgados suelen sumar a esta estrategia la venta en descubierto de las acciones cuando tocan el techo del canal, es decir, la compra de opciones de venta –*puts*– sin acciones que las respalden, y el cierre definitivo de la posición con la recompra de papeles en el piso.

Soporte

Un soporte es un nivel de precios por debajo del cual se piensa que la demanda puede ser lo suficientemente importante como para impedir que el activo lo perfore. El razonamiento es el siguiente: si el precio del activo se acerca a ese nivel o lo toca, los inversionistas lo considerarán barato y al tiempo que aparecerán los compradores, desaparecerán los vendedores, fenómeno que impulsará el rebote o suba del activo.

Aquí, un ejemplo de soporte en los 60 dólares para la acción de la firma estadounidense dedicada al comercio electrónico Amazon (AMZN). La línea recta detalla el nivel de precios y las flechas, distintos momentos en que el soporte fue probado con éxito:

Testeado el soporte en tres oportunidades, se crea una suerte de "piso psicológico" del activo, piso que –según normas del AT– sólo se juzgará quebrado si en una prueba posterior es perforado con una caída que supere el 3% desde esa línea (U$S58,20 en el caso de AMZN) y con aumento del volumen negociado.

El quiebre de un soporte es un claro indicio de que las fuerzas bajistas han pasado a dominar la escena, evidencia que puede terminar acelerando la caída.

Resistencia

Se denomina resistencia al nivel en que el alza de un activo se detiene a causa del aumento de las ventas y la reducción de las compras, cuando los inversionistas encuentran más incentivos para deshacerse del título que para continuar adquiriéndolo.

Veamos un ejemplo de resistencia con los títulos de la petrolera Halliburton (HAL).

Encontramos la resistencia en torno de los 42,30 dólares de HAL, cuyo soporte ronda los 33 dólares. De acuerdo con lo visto hasta aquí, el papel transita un canal lateral con un piso y un techo bien delimitados.

Un analista técnico buscaría comprar este papel cuando se aproxime a los 33 dólares, para venderlo cerca de los 42,30.

Otro dato valioso que nos aporta este gráfico es la transformación de un soporte en resistencia: si observamos los meses previos a septiembre, encontraremos un claro soporte en torno de los 42 dólares, quebrado a mediados de ese mes y convertido en resistencia un par de meses más tarde.

Lo indica la definición de diccionario: el soporte que es quebrado a la baja debe ser considerado resistencia, y la resistencia quebrada al alza, soporte.

La importancia de diversificar

Existen inversionistas de todo tipo y color en los mercados. Están los más tolerantes al riesgo y los menos, los que ávidos de ganancias gustan apalancar sus apuestas y los que se conforman con un rendimiento bajo pero probablemente regular a lo largo de los años. Sin embargo –y aunque no siempre actúen en consecuencia–, todos reconocen que la diversificación no es una opción sino una obligación a la hora de armar una cartera de inversión.

¿Pero qué es la diversificación? Básicamente, se trata de una técnica de administración del riesgo a partir de la cual se elige como inversión un mix de activos de distintas naturalezas. Mediante esa combinación, se apunta a obtener retornos interesantes y disminuir el riesgo de pérdida en caso de que los pronósticos fallen. Los inversionistas más osados sabrán concentrarse en las ganancias esperadas y buscar luego una combinación de activos que reduzca todo lo posible el riesgo a asumir para lograrlas, mientras que los más conservadores determinarán primero el nivel de riesgo a tolerar –necesariamente bajo– para buscar a partir de allí los mayores retornos posibles.

Por supuesto, diversificar no equivale únicamente a elegir activos de distintos nombres. Es una tarea mucho más compleja que exige investigar acerca de la correlación de los activos en danza, esto es, del vínculo existente aunque no siempre evidente entre sus cotizaciones.

Recordemos aquel "martes negro" de febrero de 2008 cuando las acciones chinas se derrumbaron y promediaron una caída de 9%. El mundo financiero, temeroso por la crisis internacional que se avecinaba, experimentó un abrupto descenso que prácticamente no distinguió fronteras ni activos. El oro, históricamente considerado refugio de valor en las tormentas, cedió más de 7% al cierre de la jornada.

Los hechos, entonces, demostraron que en una crisis mundial la globalización por momentos incrementa hasta niveles insospechados la correlación positiva entre unos activos y otros, y que si unos caen pesadamente, resultará difícil que los otros reaccionen en sentido opuesto.

No obstante, esta conclusión no invita a la resignación sino justamente a fomentar el estudio del mercado para buscar entre distintos activos relaciones inversas o, al menos, no tan directas, que resistan mejor esas jornadas donde casi todo es alcanzado por el más absoluto pesimismo.

¿Dónde se pueden hallar activos con evoluciones inversas a las del promedio del mercado o con movimientos semejantes pero mucho más moderados? Aquí, una pista: muchos ETFs replican activos poco comunes y otros apelan a opciones y operaciones de *short selling* para cotizar en sentido contrario a una moneda o un índice de referencia, mientras que los *hedge funds* (fondos de gestión alternativa, más flexibles en sus operaciones pero también menos controlados por los entes reguladores que los tradicionales fondos comunes de inversión) suelen incorporar activos de este tipo a sus portfolios.

Lo importante para el caso es comprender que todo portfolio que se precie de diversificado debe contener *hedge funds*, inversiones alternativas y demás activos que sepan actuar como cinturón de seguridad en épocas de turbulencia.

Secretos de un *daytrader*

Un *trader* moderno es aquel que trabaja en forma independiente desde su casa u oficina comprando y vendiendo vía Internet preferentemente activos financieros que cotizan en los Estados Unidos, administrando dinero propio o ajeno a través de la plataforma de un *broker* internacional y buscando tasas de rentabilidad superiores a 5% mensual. No tiene jefes y trata de evitar los tediosos viajes al centro de la ciudad. Maneja sus horarios a gusto, aunque atento a las consultas de sus clientes y los vaivenes del mercado. Si trabaja bien, puede ganar mucho dinero. ¡Parece un sueño hecho realidad!

Actualmente, cientos de miles de inversionistas de todas partes del mundo se conectan a diario en busca de oportunidades de muy corto plazo que, a la larga, les reditúen grandes beneficios. Estos *daytraders* compiten entre sí en un mercado que sabrá encontrar ganadores y perdedores. Entre los primeros habrá quienes en pocas horas o días realicen ganancias que a un amateur le llevaría años obtener, mientras que muchos de los segundos deberán abandonar el juego a la espera de una nueva oportunidad.

Quien pretenda formar parte del universo exitoso deberá asimilar un conjunto de reglas fundamentales a la hora de operar, saber identificar y aprovechar la tendencia del día y, sobre todo, cultivar la disciplina. Repasemos brevemente cada punto.

Cultivar la disciplina

Vale para el *trader* independiente el mismo precepto que para el trabajador por cuenta propia: ante la ausencia de jefes, deberá aprender a vigilar su propio trabajo en pos de obtener los resultados deseados.

Al respecto, la primera regla que se impone apunta a la planificación rigurosa de cada jugada. Para ello, al menos una hora antes de la apertura del mercado, el *trader* deberá encender su computadora y prepararse para la rueda de negociaciones. Deberá analizar el cierre de los mercados que por diferencia horaria ya operaron y la tendencia que observan aquellos que lo están haciendo, para repasar finalmente el recorrido previo de la Bolsa donde opere y el signo de los futuros.

A su vez, resulta vital leer los cables de noticias para estar al tanto de lo que sucede y observar las respuestas de los mercados ante cada información relevante que se publica, se trate de discursos, medidas o datos macroeconómicos puntuales.

Finalmente, deberá repasar los fondos de que dispone para operar y su distribución, en caso de que administre más de una cuenta. Y realizar las llamadas personales o los trámites pendientes antes de comenzar a operar, a fin de evitar eventuales interrupciones a su jornada laboral y crear un ambiente de trabajo tranquilo.

Identificar la tendencia

Todo profesional del mercado sabe bien que la tendencia no se adivina desde el sentido común. Por ejemplo, si un día, publicado un informe sobre el desempleo en los Estados Unidos con datos peores que los esperados por los analistas, el Dow Jones abre con una caída de 1% pero al cabo de media hora opera con una merma de 0,5%, el *daytrader* experimentado entenderá que la tendencia intradiaria es alcista, mientras que la mayor parte del público obviará el recorrido del índice desde la apertura y la juzgará bajista por la caída respecto del cierre previo.

Claro que no siempre resulta tan sencillo descubrir la tendencia, no al menos durante la primera media hora de operaciones. Por eso se recomienda no participar de los negocios de entrada sino aguardar hasta encontrar signos que den cuenta de una tendencia prevaleciente.

"Los mercados los abren los aficionados y los cierran los profesionales", reza, oportuna, la frase anónima.

Operar los *gaps*

A la hora de aprovechar las tendencias, nada mejor que operar los *gaps*, esos vacíos que aparecen en el dibujo de las cotizaciones de un activo cuando abre por encima o por debajo del precio del último cierre.

En el siguiente gráfico se puede ver un papel que abre con un gap alcista de 2%. Al respecto, existen estudios que dicen que el 80% de estas brechas se cierran el mismo día y que un 15% lo hace más adelante.

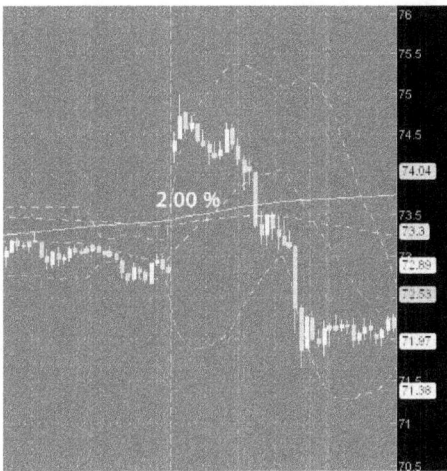

En un segundo gráfico, en la página siguiente, observamos un caso de *gap* cerrado que muestra cómo operando los huecos correctamente y utilizando órdenes *stop loss* por si los pronósticos fallan, se pueden incrementar las probabilidades de obtener beneficios y disminuir sensiblemente el riesgo.

Antes de operar, es necesario saber que existen dos tipos de *gaps*. El primero es el ordinario, aquel que con el correr de la jornada tiende a cerrarse en lugar de agudizarse. Por ejemplo, si las acciones de una empresa considerada líquida abren 1% por debajo de su cierre previo y tras permanecer un cuarto de hora en ese nivel comienzan a recortar pérdidas sin amagar con un retorno a los mínimos de la rueda en los siguientes quince minutos, se puede pensar que tienen altas chances de cerrar el *gap* antes de concluida la jornada.

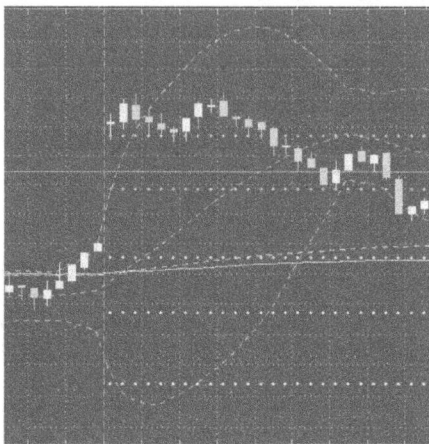

El segundo tipo es conocido como *gap and go* e implica la profundización de la brecha observada al inicio de la rueda. Es el caso de aquel título que, habiendo iniciado las operaciones con un retroceso de 1%, pocos minutos después cotiza 1,30% por debajo del último cierre y, algo más tarde, lleva su caída a 1,50%.

Un *gap and go* puede cerrarse durante la misma jornada, más bien cerca del final de la rueda, o en los días, semanas o meses siguientes. También puede pasar a formar parte del exclusivo 5% que no se cierra. De allí, la importancia de fijar *stops* de protección al operar.

Por último, cabe advertir que cuanto más grande sea el *gap*, más le costará cerrarse en el día. La divisoria entre pequeños y grandes suele fijarse en 1,5% de brecha. En consecuencia, los ideales para operar son los inferiores a 1%, donde las probabilidades de una recuperación resultan mayores.

Asimilar las reglas ancestrales

Existen reglas tácitas o escritas que los operadores respetan a rajatabla. La primera refiere a la necesidad de confeccionar un plan de inversiones y saber atenerse a él. Al practicar *daytrading*, todas las transacciones deben cerrarse en el día. En numerosas ocasiones, esto implicará concluir una operación en rojo y ver después cómo habría cambiado de signo de haberse mantenido abierta. En muchas otras, por el contrario, se observará con tranquilidad una caída mayor del activo vendido oportunamente.

La segunda regla llama a operar siguiendo la tendencia. Por supuesto, para seguirla es necesario identificarla, e identificar una tendencia no significa anticiparse a ella. Muchos podrán considerar emocionante ponerle el pecho al mercado, apostando contra la corriente e intentando marcar un piso, o un techo. Lo cierto es que la enorme mayoría de esos valientes terminan viendo cómo sus figuras de héroes se transforman casi de inmediato en las de inversionistas desesperados que aguardan un rebote milagroso de los precios para no salir muy mal parados.

Una tercera regla indica la utilización de órdenes *stop loss* automáticas cuando se las considere convenientes. Como hemos visto, con ellas se busca reducir el riesgo de pérdida en las operaciones. Si bien son utilizadas por la mayoría de los *daytraders* profesionales, hay quienes prefieren no cargarlas, seguir las cotizaciones y, eventualmente, activarlas en forma manual.

En rigor, mientras se aplique el concepto, ambas estrategias son válidas, aunque la opción manual conlleva el riesgo de cometer distracciones onerosas. Por su parte, la versión automática puede derivar en pérdidas innecesarias producto de oscilaciones bruscas de un papel que generalmente varía poco o de ventas a cualquier precio –cuando se activan todos los *stop loss* al mismo tiempo y la oferta supera con creces a la demanda– de un título que, habiendo caído a causa del pánico, probablemente sabrá experimentar un rebote importante desde sus mínimos.

La cuarta regla puede resumirse en el consejo "en caso de duda, venda", y se vincula con la incertidumbre que genera aquel activo que durante largo tiempo cotiza dentro de una banda estrecha de precios, sin avalar ni contradecir totalmente las proyecciones del inversionista que lo compró o vendió en descubierto.

A riesgo de renunciar a posibles ganancias, los expertos recomiendan abandonar la posición y concentrarse en las alternativas que ofrece el mercado. El tiempo perdido, afirman, debe considerarse un costo de oportunidad que no tiene sentido seguir incrementando.

El quinto mandato rechaza la idea de promediar las pérdidas, un error frecuente entre los inversionistas novatos pero también cometido por muchos expertos, quienes, viendo cómo el activo adquirido baja de precio sensiblemente, deciden comprar más esperando que un repunte les permita recuperar rápidamente el capital. Quienes gustan promediar suelen ver al mercado como una ruleta donde se impone el "doble o nada", y generalmente el resultado es "nada".

Operar únicamente activos líquidos es el sexto precepto de esta lista larga pero necesaria. Líquidos son aquellos activos que mueven un volumen diario de dinero suficiente como para permitirnos entrar y salir en cualquier momento y cuyos precios de compra y venta no difieren demasiado. De lo contrario, podríamos quedar en manos de unos pocos operadores dispuestos a llevar los precios a niveles exageradamente bajos, no tener nadie del otro lado del mostrador para liquidar nuestra posición, o encontrar un comprador que nos ofrezca precios viles para dejarnos salir.

La séptima regla retoma la cuestión de los *stop loss*, en este caso, para referirse a la relación entre estos y las ganancias esperadas. Sucede que los expertos no utilizan los *stops* arbitrariamente, sino a partir del rendimiento que desean obtener con el fin de asegurarse el éxito en la suma de las operaciones. Así, si se adquieren acciones sobre las que se especula con una suba de un dólar por papel y se coloca un *stop loss* de un dólar por debajo de la cotización de compra, el ratio ganancia-pérdida será de 1 (1 dividido 1). En cambio, si se carga un *stop loss* de 0,50, el ratio será de 2 (1 dividido 0,50).

Los *daytraders* suelen utilizar ratios de ganancia-pérdida altos, arriesgando unos 20 centavos por acción cuando el objetivo es ganar 1 dólar. En consecuencia, no necesitan salir victoriosos ni siquiera en la mitad de las operaciones para ganar dinero, más allá de que cuanto más alto sea el ratio utilizado, mayor será la probabilidad de salir a pérdida en cada jugada.

Por último, es fundamental cultivar la autocrítica y analizar con frecuencia los errores cometidos tras anotarlos en un diario personal de operaciones. "Es un error no contar con el error", dicen los que saben. Está claro: uno aprende más cuando se equivoca que cuando acierta.

Gurúes a la carta

> *Octubre es uno de los meses más peligrosos*
> *para invertir en acciones.*
> *Otros meses también peligrosos son julio, enero,*
> *septiembre, abril, noviembre, mayo, marzo, junio,*
> *diciembre, agosto y febrero.*
>
> Mark Twain

Aunque en grados diferentes según el caso, la citada frase de Mark Twain –humorística más que exacta– es aceptada inconscientemente por aquellas personas interesadas en proteger e incrementar sus ahorros pero desconocedoras del mundo bursátil, al que consideran un gran casino de donde se sale generalmente con los bolsillos vacíos.

Paradójicamente, esta asimilación ligera de la idea de un mercado donde el azar predomina, lleva a la enorme mayoría de los inversionistas novatos dispuestos a asumir riesgos con su capital a elegir activos a partir de rumores, consejos o teorías sin fundamento, imitando los pasos de un jugador de ruleta y aceptando eventualmente la derrota como el destino más probable para sus apuestas.

Estos inversionistas deben saber que los más experimentados también corren riesgos, pero lo hacen basándose en estrategias que les permiten incrementar las posibilidades de salir victoriosos, más allá de los tropezones que puedan sufrir en el camino.

En este sentido, las estadísticas son un arma fundamental, y parecen volcarse a su favor en cuanto a la elección de las acciones como los papeles preferidos para operar: el rendimiento histórico del índice estadounidense S&P 500 en los 80 años que separan a 1926 de 2006 se sitúa en 11% anual promedio, cifra que supera con creces el interés pagado por los títulos de renta fija más populares de ese país.

Como todos saben, hubo grandes jugadores que lograron rendimientos muy superiores a ese promedio durante varias décadas, rendimientos que supieron rondar el 20 o incluso el 30% anual. Hablamos, por ejemplo, de los administradores de fondos Warren Buffett, George Soros, Peter Lynch y Michael Price, cuyas enseñanzas abordaremos en profundidad más adelante.

Por lo pronto, repasando estos nombres y entendiendo que no es imposible pero tampoco sencillo ganarle al promedio del mercado, nos preguntamos: ¿vale la pena realizar investigaciones sobre empresas buscando oportunidades puntuales de inversión, o conviene llevar a cabo una estrategia pasiva y apostar a un instrumento que replique, por ejemplo, el comportamiento del S&P 500?

Estrategia pasiva vs. estrategia activa

*Uno puede ser un mejor inversionista
si mira los balances de las empresas,
si sabe lo que la compañía hizo
y si utiliza la información que posee.
Lo que los académicos están diciendo
al defender la inversión pasiva
es que la gente lleva a cabo una investigación
muy pobre antes de invertir activamente y que,
por ende, no debería siquiera molestarse en hacerlo.*

Peter Lynch

De alguna forma, con esta aclaración Peter Lynch nos explica el sentido último de la frase de Twain: invertir en acciones sin estudiarlas previamente es muy arriesgado. Para quienes no desean dedicarle tiempo al análisis, lo mejor sería concentrar el capital destinado a renta variable (acciones) en el índice de referencia, de modo de evitar caer en papeles que, así como pueden subir notablemente, pueden bajar hasta desaparecer.

Con el fin de convencernos acerca de la conveniencia de tomar esta decisión "menos mala entre las malas", Lynch destaca un hecho que –observa– sucede con frecuencia: cuando un inversionista compra acciones sin investigar previamente a la empresa emisora y esas acciones se desploman a causa del *default* de la compañía, este acusa a los organismos reguladores de no haber controlado adecuadamente los números de la cotizante, a su asesor privado por recomendarle la empresa equivocada o por no advertirle sobre los riesgos de esa inversión, y al sistema financiero en general por permitir que los minoristas resulten afectados por maniobras ajenas.

Esta conducta –advierte el propio Lynch– no se observa en otros ámbitos: cuando una persona compra un coche que al poco tiempo evidencia fallas mecánicas o eléctricas, más allá de insultar al vendedor o al fabricante, no culpa a los organismos reguladores ni a otras instituciones, sino que se enoja consigo mismo por no haber investigado lo suficiente el vehículo antes de adquirirlo. El error, entonces, pasa por delegar responsabilidades. Y se lo profundiza al evadir la autocrítica cuando el hecho lo exige.

Pero como se ha dicho, apuntar al promedio para esquivar el análisis es la solución menos mala. Lo ideal es asumir responsablemente la administración del propio dinero y buscar las estrategias que nos permitan obtener rendimientos superiores a la media. ¿Qué dicen al respecto los defensores de la inversión activa? Que el mercado en sus reacciones desmedidas constantemente nos ofrece la posibilidad de comprar títulos desvalorizados o vender otros sobrevaluados para obtener altísimos rendimientos en el largo plazo, y que sin un estudio de campo será muy difícil hallarlos.

Estrategias de largo plazo

> *Por alguna razón, los inversionistas tienden a tomar sus decisiones basados en los comportamientos de los precios y no en el estudio del valor. En general, uno puede darse cuenta de que está en problemas cuando se ve haciendo cosas que no entiende por el simple hecho de que funcionaron para otra persona antes.*
>
> Warren Buffett

Estrategias de inversión activa a largo plazo hay en cantidad y, *a priori*, ninguna es superior al resto sino que unas se adaptan mejor a determinadas situaciones que otras, y viceversa. La realidad nos enseña que es posible multiplicar el capital con cualquiera de ellas, pero que no todas se acomodan a nuestra tolerancia al riesgo o nuestra visión del mercado.

Entre las más populares, encontramos las estrategias de crecimiento, de valor y de momento. Aquí las repasamos:

Estrategia de crecimiento

Otorga mayor peso en el análisis y la selección de empresas al eventual incremento de las ventas y las ganancias. Generalmente, el primer filtro es por sector: se busca aquella industria donde la tendencia al crecimiento es más sostenida, donde la actividad se expande a mayor velocidad que el producto bruto interno (PBI) del país.

En consecuencia, si el PBI observa un crecimiento de 4% y el sector de la construcción presenta tasas de 10%, probablemente los seguidores de esta estrategia se inclinen por analizar a las empresas constructoras que cotizan en Bolsa para incorporar las más atractivas a su portfolio.

Una crítica típica a esta estrategia apunta al alto precio que se suele pagar por las acciones de empresas en crecimiento. No hace falta mucho ingenio para deducir que altas tasas de crecimiento implican altos ratios precios-ganancias. De allí que un cambio de escenario –o incluso de perspectiva– pueda hacer que el inversionista que compró acciones tentado por los beneficios corporativos termine "pagando la fiesta" si no sabe salir a tiempo.

Claro que un inversionista de largo plazo puede restarles importancia a los movimientos más o menos violentos de corto plazo y aun aprovechar los retrocesos en las cotizaciones para sumar más títulos a su cartera, pero debe estar muy seguro de las fortalezas de las compañías elegidas antes de decidirse por la acumulación.

Esta es una de las razones por las que los inversionistas *de crecimiento* acostumbran seguir de cerca a los analistas que trabajan en contacto con las autoridades de las empresas. Aunque pueda significar salir a pérdida, cualquier señal temprana de debilidad servirá de alerta para determinar si mantener las posiciones o liquidarlas para observar al mercado desde afuera hasta que el panorama aclare.

Estrategia de valor

Se concentra en la compra de acciones a precio de remate, también conocidas como gangas. Sus seguidores –entre quienes se destaca el más arriba citado Warren Buffett– son proclives a buscar papeles con un bajo múltiplo precio/valor libro.

Hemos visto que el valor libro de una acción se calcula a partir de la división del patrimonio neto de la empresa por la cantidad de acciones que la componen. En consecuencia, si el valor libro es superior al precio de la acción operado en el mercado, la empresa se considerará subvaluada y representará, en principio, una oportunidad de compra.

Salvo en tiempos de crisis, estas oportunidades escasean y obligan a los estrategas a redoblar los esfuerzos para encontrarlas. Se buscan, entonces, acciones olvidadas por el mercado y castigadas en exceso por motivos puntuales. Una vez halladas las candidatas, se proyecta para cada una el momento en que la situación podría revertirse e impulsar la demanda en plaza.

Debido a lo difícil que resulta acertar con los tiempos, este último paso es quizás el punto más débil de la estrategia y el más sometido a la crítica de quienes no comparten este acercamiento al mercado. Otros cuestionamientos importantes tienen que ver con la imposibilidad de ser estrictos en la valuación de firmas con activos intangibles de peso, como el valor de la marca.

Estrategia de momento

Menos conocida que las anteriores, suele brindarles buenos resultados a sus ejecutantes en el mediano y largo plazo. Consiste en comprar acciones que se encuentran quebrando máximos históricos en el mercado.

La premisa es que los nuevos máximos por un lado demuestran el buen momento por el que está pasando la compañía, y por el otro atraen a más compradores, quienes continuarán impulsando al alza los precios.

Cuando resulta difícil encontrar acciones de empresas cotizando en máximos históricos, la búsqueda se desvía hacia aquellas que estén operando en los valores más altos del último año, aunque reduciendo el monto destinado a la inversión.

Aquí también se corre el riesgo de "pagar la fiesta": es posible que el papel marque un récord intradiario, luego caiga, y demore largo tiempo en ofrecer posibilidades de salida con ganancia.

El siguiente cuadro resume las principales diferencias entre estas populares estrategias.

Estrategia de crecimiento	Estrategia de valor	Estrategia de momento
Buena relación entre precio y ganancias.	Bajo múltiplo precio/ganancias.	Alto múltiplo precio/ganancias.
Alto grado de crecimiento en las ventas y las ganancias.	Activos ocultos para el resto de los analistas.	Empresas que pasan por su mejor momento histórico.
Buen management.	Empresas "olvidadas" por el mercado.	Empresas que son tapa de los suplementos financieros por su buena performance.
Fundamentals atractivos de la industria.	Valor libro por acción mayor que precio de las acciones en el mercado.	Menor importancia del valor libro de las acciones.

Fuente: elaboración propia.

141

Los máximos exponentes

Asimilados los conceptos básicos y fundamentales de la inversión activa de largo plazo, es hora de aprender de algunos de sus defensores más exitosos, tal vez los más conocidos en el mundo financiero.

George Soros, el "analista de la inseguridad"

> *La opinión predominante*
> *es que los mercados siempre tienen razón.*
> *Yo adopto la posición opuesta:*
> *doy por sentado que los mercados*
> *se equivocan siempre.*
>
> George Soros

A Soros –nacido en Budapest (Hungría) en agosto de 1930, devenido en ciudadano estadounidense, economista, filósofo, inversionista multimillonario y administrador del fondo Quantum con el que saltó a la fama tras especular contra la libra esterlina y ganar aproximadamente 1.000 millones de dólares al forzar su devaluación en 1992– bien le cabe el título de "analista de la inseguridad" con que gusta presentarse, en contraposición con la definición anglosajona *"security analist"* que comprende a sus pares.

Es que, pese a su notable capacidad para toparse con el éxito, concibiendo siempre la posibilidad de equivocarse al realizar una inversión, se mantiene alerta y dispuesto a corregir el rumbo sin sentirse herido en su orgullo. La velocidad con que se detectan los errores cometidos –sostiene– es clave en la vida del inversionista, dado que quien se anticipa al resto incrementa notablemente sus oportunidades de cambiar pérdidas por ganancias.

Como todo buen transgresor, Soros cuestiona aquellas frases trilladas del mercado que, si bien pueden resultar muy útiles la mayoría de las veces para la generalidad de los inversionistas, conviene leer con ojo crítico para aplicarlas en los momentos convenientes e ignorarlas cuando las excepciones mandan. Una de ellas llama a nunca nadar contra la corriente. Al respecto, Soros reconoce que la tendencia es su amiga y que casi siempre marcha junto a la manada, aunque a la espera del momento en que la historia tome un giro inesperado y convenga cambiar de bando.

De sus consejos no se desprende una crítica al inversionista que busca ganar dinero comprando activos inmersos en una tendencia alcista sino a aquel que, ante señales claras de peligro, sin argumentos de peso espera poder superar cualquier obstáculo y continuar en la senda triunfal en lugar de abandonar la posición resignando, como mucho, mayores beneficios.

Existe, en este sentido, una metáfora que reconoce en los inversionistas del tipo de Soros a aquellos depredadores que saben perseguir al rebaño guiándolo hasta el precipicio para luego ir a buscar su almuerzo tierra abajo.

A modo de ejemplo de estas maniobras de ruptura, vale recordar aquel miércoles 16 de septiembre de 1992 en que ejecutó un ataque masivo contra la libra esterlina, a la que consideraba sobrevaluada debido al férreo control cambiario que ejercía el Banco de Inglaterra. Luego de haber tomado gigantescos préstamos en libras, decidió salir a vender esa moneda y comprar activos nominados en marcos alemanes, con lo que generó una presión en el mercado que terminó forzando a las autoridades británicas a abandonar el control y dejar que la libra cayera pesadamente contra el marco.

Pocas semanas después, Quantum Fund estaba vendiendo sus activos en Alemania para devolver los préstamos tomados en Inglaterra a una paridad más que ventajosa. ¿El resultado? Multimillonarias ganancias para Soros y el título de "el hombre que quebró a la libra".

Michael Price, el ángel de las empresas en problemas

> *No son las respuestas las que*
> *te hacen exitoso en los negocios,*
> *son las preguntas que te formulas.*
>
> Michael Price

Michael Price es uno de los inversionistas estadounidenses más conocidos en el mundo de las finanzas. Al mando del fondo Mutual Shares con activos por varios miles de millones de dólares, ha logrado rendimientos de casi 20% anual durante una década y media apelando a una cartera mucho menos volátil que las del resto de los fondos de acciones.

Su singular método de inversión merece ser contado. Básicamente, lo que Price hace es buscar empresas con graves problemas financieros: en convocatoria de acreedores, bancarrota o con enormes dificultades para acceder a un crédito. Una vez analizadas las empresas y seleccionadas las más atractivas, acude a su rescate y les ofrece inyecciones de capital a cambio de acciones a transferir en bloque por fuera del mercado y a un precio inferior al de cotización e incluso al valor libro.

Luego ubica a un grupo de profesionales para que asesore a los directivos de las compañías y acelere su recuperación, más allá de que en muchas ocasiones la misma inyección de dinero resulta suficiente para devolver a las empresas a la senda de las ganancias.

¿Cómo rastrea Price las compañías en problemas? Una estrategia es monitoreando precios de mercado: caídas de

70% o superiores en acciones o bonos corporativos son señales claras de que los negocios no marchan como debie-
ran. Otra es buscando –principalmente en mercados de
países desarrollados– firmas cotizantes con ratios precio/
ganancias bajos que, además, observen grandes similitudes
con empresas norteamericanas mucho mejor valuadas por
el público.

Estas últimas firmas –cabe aclarar– no siempre presentan dificultades financieras u operativas particulares, sino
que pueden verse afectadas por problemas momentáneos
del país o el sector al que pertenecen. Price toma participación en ellas bajo la premisa de que, una vez superados
esos inconvenientes más bien generales, el mercado debería tender a adjudicarles mejores precios, respetando la relación P/E dominante en el primer mundo.

Un tercer modo de hallar empresas subvaluadas consiste en comparar los precios de mercado de distintas firmas
con los de las semejantes que han experimentado operaciones de compraventa de paquetes accionarios o fusiones,
entendiendo que en esos acuerdos al análisis concienzudo
de un grupo de especialistas se le suma la disposición de
grandes capitales a pagar un monto preciso por un determinado negocio.

Estas estrategias, al fin y al cabo, se apoyan en la idea
de comprar aquello que mayor recorrido promete, las oportunidades del mercado. Y por elemental que parezca, esa
idea no suele ser respetada por el común de los inversionistas. ¿O acaso no ha observado en más de una ocasión, esti-
mado lector, cómo la demanda de las acciones crece con fa-
cilidad a medida que su precio sube y las ventas se multiplican
con los derrumbes? Es la trampa del "algo bueno/malo ten-
drá ese papel" que Price sabe eludir.

Peter Lynch, el inversionista de la lógica

No existe algo así como el talento
hereditario a la hora de elegir acciones.
Lo que más me ayudó en mi carrera es la lógica,
porque me enseñó a identificar la ilógica
inherente a Wall Street.

Peter Lynch

Hemos citado a Peter Lynch en páginas anteriores. Junto con Warren Buffett, a quien visitaremos a continuación, conforma la dupla de inversionistas multimillonarios más conocidos en el mundo.

Como líder del Magellan Fund hasta su incorporación a la legendaria gestora de fondos Fidelity, Lynch será recordado por promediar ganancias de 29,2% entre los años 1977 y 1990, ganancias que convirtieron en millonarios a muchos fieles clientes.

Como divulgador de ideas, se lo mencionará siempre por su principio de "invertir en lo que uno conoce", comprendido en el concepto de *"local knowledge"* (conocimiento local), muy popular entre los inversionistas no profesionales faltos de tiempo para formarse en el análisis técnico o interpretar complicados informes corporativos, quienes prefieren invertir a largo plazo en empresas con marcas reconocidas y negocios simples y claros.

En rigor, Lynch aconseja esforzarse por conocer las empresas de interés, analizar sus balances, ventas, márgenes de ganancias, perspectivas y, sobre todo, sus productos, probándolos y averiguando la opinión de los demás.

Por ejemplo, si se está analizando invertir en acciones de un banco local, además de repasar sus números y comprender la naturaleza del negocio, se debería abrir una cuenta en una sucursal para comprobar las bondades del servicio, las ventajas que ofrece la entidad, la competitividad de sus tasas y la calidad de la atención, para luego repetir el trabajo de campo con los principales competidores.

Si Wal-Mart hubiese nacido en Connecticut –donde trabaja y vive Lynch– en lugar de Arkansas, él habría hecho un gran negocio comprando sus acciones, porque se hubiese dado cuenta tempranamente del destino de crecimiento de la empresa simplemente al ingresar en sus locales.

Las premisas que sostienen esta estrategia de elección de empresas son esencialmente dos:

- que en todos los países y en todas las regiones existen empresas buenas y empresas malas, y que mientras más firmas se analicen, más oportunidades habrá de encontrar proyectos atractivos menospreciados por el mercado;

- y que en el largo plazo todas las compañías observan una correlación del 100% entre su situación y sus perspectivas, y el precio al público de sus acciones.

Para quienes no puedan realizar el análisis correspondiente pero estén interesados en invertir en renta variable, la solución menos mala pasará por comprar índices de acciones que se correspondan con sus ideas económicas de largo plazo. Para el ciudadano estadounidense que confía en el rumbo de las PyMES de su país, entonces, el referencial recomendado será el Russell 2000, cuya evolución es replicada por el ETF iShares Russell 2000 Index Fund conocido con las siglas IWM. De esta forma, evitará correr los riesgos de quien juega al póker sin mirar las cartas. ¿Cuál creen que será el resultado?

Finalmente, aquellos que acepten la premisa de la correlación entre precio y valor intrínseco deberán saber que esa coincidencia puede demorar meses o incluso años en reflejarse por múltiples razones, como evaluaciones erradas de analistas o bajas generalizadas del mercado, y que su demora suele generar impaciencia e inseguridad en el inversionista respecto de sí mismo y sus decisiones.

Pero también, que no hay mal que por bien no venga: con frecuencia sucede que los *fundamentals* de una empresa mejoran y sus acciones pierden valor; ello fuerza la salida de quienes se dejan llevar por los precios y genera grandes oportunidades de inversión para quienes saben apostar a la correlación de mediano o largo plazo.

Warren Buffett, el inversionista que compra y mantiene

El tiempo es amigo de los negocios maravillosos y enemigo de los mediocres.

Warren Buffett

Pragmático, creador de las frases más ingeniosas del mercado, este genial inversionista es quizás el gurú que aplica la estrategia más simple entre las exitosas: "*buy and hold*" (comprar y mantener), el lema que, al menos hasta antes de la crisis financiera desatada en 2008 en los Estados Unidos y propagada por todo el mundo, le supo rendir enormes frutos.

Admirado por haber amasado toda su fortuna operando activos financieros, Warren Buffett es un típico inversionista de valor que nunca participa de negocios que no comprende. Justamente por sostener ese principio y mantenerse al margen de la burbuja de Internet a fines de los '90, muchos lo consideraron fuera de sintonía, pero el tiempo le dio la razón: no perdió un centavo durante la crisis del Nasdaq.

Por el contrario, en su extenso currículum se destacan inversiones a muy largo plazo en firmas como American Express, Wells Fargo y Coca-Cola, por citar sólo algunas, que le permitieron lograr entre 1965 y 2008 una rentabilidad promedio anual de 23,3% con su fondo Berkshire Hathaway y prácticamente duplicar el rendimiento del índice S&P 500 estadounidense. ¡Esto es lo que se llama ganarle al mercado!

En diversas entrevistas, Buffett –también conocido como "El oráculo de Omaha"– rindió tributo a sus dos grandes maestros: Benjamin Graham y Philip Fisher.

Gracias al primero tomó noción de la importancia de reconocer el valor intrínseco de una empresa, aquel que a la larga respetará. Sucede que para Graham "inversión" es aquella operación que, luego de un análisis cuidadoso, promete el resguardo del capital y le añade un rendimiento interesante, siendo las operaciones que no cumplen estos requisitos meras especulaciones.

Gracias al segundo, aprendió a no diversificar exageradamente su cartera. A juicio de Fisher, la diversificación *per se* no reduce el riesgo de una cartera. Sólo lo hace cuando está bien ejecutada. El problema de comprar muchos activos diferentes reside en la imposibilidad de conocerlos al dedillo y vigilarlos como corresponde. Por ende, en términos relativos, el inversionista corre el riesgo de destinar muy poco capital a una empresa con la que está familiarizado y demasiado a otra que no le resulta tan transparente.

A partir de estas y otras enseñanzas, Buffett elaboró sus propias conclusiones, entre las que se destaca la idea de que las acciones son objetos con dos caras: una llama a la inversión, y la otra, a la especulación. Aunque *a priori* podría imaginarse su rechazo total a la segunda interpretación, lo cierto es que Buffett opta por darle una vuelta de tuerca al asunto y encontrar en la especulación una llave para comprar barato participaciones en empresas dignas de inversión.

La especulación sobre un activo –afirma– es consecuencia del miedo y la codicia de la gente. Estas emociones son las que hacen que sus precios deambulen por niveles muy deprimidos o notablemente altos en relación con el valor intrínseco de la empresa emisora. Por ello –añade– uno debe mantenerse al margen del humor colectivo y explotarlo adquiriendo acciones a precios bajos y vendiéndolas cuando la euforia ordena comprarlas.

Como dato de color, vale contar la curiosa relación de Buffett con los mercados: quienes lo visitan por primera vez en sus oficinas de Nebraska, en los Estados Unidos, se asombran al notar la ausencia de monitores que reflejen el precio de las acciones. Es que para este gurú, la Bolsa es maníaco-depresiva: a veces está salvajemente excitada, y otras, inexplicablemente deprimida. De la misma manera que un inversionista inteligente no confiaría en un asesor financiero que presente síntomas maníaco-depresivos, Buffett descree de las cotizaciones diarias, semanales o mensuales de las acciones que posee en cartera. No las considera termómetro de sus inversiones.

Como suele declarar en los reportes que les envía a sus clientes del fondo Berkshire Hathaway, tras una compra de títulos a Buffett no le preocuparía en absoluto si el mercado cerrara durante uno o dos años. Al final de cuentas, en el corto plazo los precios de las acciones sólo sirven para saber si una empresa se está negociando barata o cara en el mercado, pero nada dice sobre cuán útil resulta para la sociedad. Sólo el paso del tiempo lo dirá.

Desconocidos y exitosos, los otros gurúes

Quienes invertimos con frecuencia en activos financieros más de una vez nos sentimos atraídos por las grandes leyendas del mercado. Ellos, a fuerza de resultados y frases ingeniosas, supieron ganarse nuestro respeto más allá de las divergencias que podamos expresar con sus métodos o filosofía de vida.

No obstante su impronta, debemos saber que no constituyen los únicos faros capaces de iluminarnos en este mundo tan cambiante como lógico. Así, a la manera del turista que ignora el circuito comercial ofrecido por su agencia de viajes, visitaremos a tres expertos que por alguna razón no convirtieron el éxito en fama, no al menos en la dimensión de los gurúes repasados más arriba.

¡A conocerlos!

Paul Rotter, el operador fantasma

Paul Rotter es tal vez el *daytrader* más exitoso del mundo. Nacido en 1974 en la vieja Checoslovaquia, se crió y formó en Alemania, desde donde emigró primero a Irlanda y luego a Suiza, país en que fundó su propia compañía de inversiones, Rotter Investment AG, que aún lidera.

Definido como *scalper* por su búsqueda de ganancias de muy corto plazo mediante la explotación de pequeños movimientos de activos con inversiones abultadas, ciertamente no inició su carrera con el pie derecho: sus primeras armas bursátiles las hizo trabajando en el Bundesbank alemán, del que casi termina despedido por registrar pérdidas significativas en las cuentas que administraba a causa del elevado riesgo con que acostumbraba operar.

Abandonado el Bundesbank, se incorporó a la sucursal germana de una entidad japonesa, donde aprendió mucho sobre disciplina, una herramienta que a las claras enriqueció su formación profesional y que le permitió escribir un tercer capítulo mucho más feliz que el primero, esta vez en Dublín, en el *broker* irlandés Midas Trading House.

Su buen olfato y la rapidez para operar lo llevaron años más tarde a asociarse con otros colegas y fundar la firma de *trading* Greenhouse Capital Management, cuyo capital inicial de 1,3 millón de dólares creció hasta 1,8 millón el primer día de operaciones y a 6,5 millones tan sólo tres meses después, según cuentan las crónicas que otorgan a Rotter todos los laureles del éxito.

Ahora bien, ¿cuál es la estrategia que utilizó –y utiliza– para ganar tanto dinero tan velozmente? Nuestro protagonista opera a través del mercado electrónico europeo (Eurex) en el Schatz, el mercado de futuros de bonos alemanes de corto plazo, utilizando plataformas de *trading* como las de cualquier inversionista on line. Allí, apelando al enorme volumen de dinero que maneja, introduce órdenes de compra (*bid*) o venta (*ask*) millonarias y de inmediato las cancela, impidiendo que se ejecuten y logrando que del otro lado del mostrador alguien convalide precios sin poder cumplir con su propósito de comprar o vender. De esta forma, conduce al mercado en la dirección deseada, bajando los precios de venta si la intención es comprar, y subiendo los de compra si la meta es vender.

Como el lector imaginará, estas maniobras motivaron airadas quejas de las firmas de inversión afectadas, que lograron medidas tendientes a desalentar acciones legales pero en apariencia poco éticas como las de Rotterm, que disminuyeron sus potenciales beneficios. Por supuesto, el ingenio del *daytrader* pudo más y su éxito no cesó. Actualmente, de acuerdo con estimaciones que recorren la Web, su compañía celebra 100.000 contratos diarios de compraventa por un valor mínimo de 100.000 euros cada uno.

Para concluir, citaremos cinco preguntas que formaron parte de una extensa entrevista a Rotter realizada por la revista alemana *Trader Magazine* (www.traders-mag.com/) en 2005. Esperamos sean de gran utilidad para el lector.

> TM: Se te ha definido como un *scalper* del libro de órdenes, ¿podrías explicar lo que haces y en qué consisten tus estrategias?

> PR: Es algo así como actuar de creador de mercado situando órdenes de compra y venta simultáneamen-

te, tomando decisiones en el muy corto plazo en base a determinados hechos que se observan en el libro de órdenes. Por ejemplo, normalmente tengo varios grupos de órdenes simultáneas en diferentes mercados muy cerca del último precio negociado. El resultado total de dichas operaciones está cerca de un juego de suma cero, pero en base a lo que veo, suelo intuir hacia dónde va a ir el mercado y finalmente seguir la dirección correcta.

TM: ¿Cuánto tiempo permaneces en una posición?

PR: Generalmente realizo un *scalping* agresivo, por lo que puedo cambiar el sentido de mis operaciones muchas veces en una hora, hasta el punto de cambiar de opinión varias veces en dos minutos.

TM: ¿Qué papel juega la gestión del riesgo en tu estrategia?

PR: Fijo objetivos diarios de beneficios y pérdidas, siendo el más importante el punto de *stop*, esto es, el nivel máximo de pérdidas que estoy dispuesto a aceptar en el día antes de apagar las pantallas.

TM: ¿No tienes problemas para cambiar rápidamente de opinión? ¿No debería un *trader* ceñirse a su opinión?

PR: No, sólo el analista o el gurú de turno deben hacerlo. El *trader* no debe tener opiniones. Cuanto más influyan sus opiniones, más le costará cerrar una posición con pérdidas.

TM: ¿Qué fortalezas consideras que tienes frente a otros *traders*?

PR: Sin duda, la capacidad de ser más agresivo en las rachas de beneficios, asumir mayores riesgos y reducirlos en épocas de pérdidas, lo que en mi opinión es ir en contra de la naturaleza humana. Lo mejor es tener a alguien ajeno al *trading* que apague las computadoras si se alcanza un determinado nivel de pérdidas en el día.

Marty Schwartz, el gran descubridor

Marty Schwartz es otro operador de destacada habilidad para desarrollar sistemas de *trading* propios basados en la observación y el análisis de las características del mercado.

Su historia profesional comenzó luego de graduado en el Amherst College de Massachusetts (Estados Unidos) en 1967. Su interés por los mercados lo llevó a cursar un MBA en la prestigiosa Columbia University y presentarse en las oficinas del corredor de Bolsa Kuhn Loeb para trabajar como analista fundamental de empresas cotizantes.

Pocos años después, le ofrecieron un puesto muy bien pago en el *broker* Great Pyramid, de donde lo despedirían más tarde por contradecir con sus recomendaciones los intereses de la firma. Schwartz sufriría en carne propia aquello de que "el éxito es un camino plagado de fracasos".

La historia fue más o menos así: junto con un colega, Schwartz desarrolló un riguroso trabajo de investigación sobre los *fundamentals* de la industria de la salud (*health care*), cuyos precios en los mercados financieros experimentaban por ese entonces un período de bonanza que atraía más y más inversionistas.

La conclusión a la que llegaron con el estudio no dejaba lugar a la duda: el sector estaba sobrecomprado y era inminente una fuerte corrección de los valores, por lo que Marty Schwartz decidió recomendarles a sus clientes abandonar toda posición en esa industria y vender en descubierto para apostar a la baja.

El consejo no fue bien recibido por los inversionistas y los cuestionamientos de sus jefes no se hicieron esperar. Para colmo, las empresas afectadas por el informe amenazaron con demandar al *broker* por juzgar infundadas las recomendaciones de venta, situación que aceleró la salida de Schwartz, pero que al mismo tiempo lo llevó a considerar seriamente la posibilidad de desempeñarse en forma independiente para librarse de las ataduras con que se trabajaba y aún trabaja en las grandes firmas de Wall Street, tan interesadas en asesorar a los inversionistas como en ser contratadas por las empresas cotizantes para calificarlas y proyectar precios futuros.

Lo cierto es que sólo doce años después de graduarse en Massachusetts, pudo ejercer la profesión por cuenta propia y lo hizo con un monto inicial de 100.000 dólares. Dejó de lado el análisis fundamental y se volcó al análisis técnico; así se convirtió de inmediato en miembro del AMEX (American Stock Exchange), en el que comenzó a operar acciones y opciones en forma periódica.

Su idea de fondo planteaba que no existe una fórmula universal para ganar dinero en el mercado y que cada *trader* debe buscar la estrategia que más se adecue a su personalidad, transformándola o enriqueciéndola a medida que va ganando experiencia. Esta filosofía y una evidente cuota de habilidad para el análisis técnico derivaron en resultados más que alentadores: en sus cuatro primeros meses de *trading* duplicó su capital, que ascendió a 600.000 dólares al cabo del primer año, y a 1,2 millónde dólares al término del segundo.

Tira y acierta: Marty Schwartz explota una falla del mercado

Las innovaciones tecnológicas en el mundo de las finanzas constituyen una potencial fuente de ganancias, sobre todo cuando, recién salidas del horno, no son tan conocidas por los participantes del mercado.

Una de esas innovaciones catapultó a Schwartz a la cima: en 1982, el CME (Chicago Mercantil Exchange) lanzó un nuevo producto, los futuros sobre el índice S&P 500, que venían a sumarse a los futuros de commodities. A fines de abril de ese año, Schwartz concretó su primera operación con futuros con resultado negativo, en la que perdió 370 dólares. En lugar de desanimarse, siguió operando cantidades pequeñas de dinero para conocer bien el funcionamiento del nuevo producto y su correlación con otros instrumentos financieros. Así fue como casi medio año después descubrió una fuente de riqueza inagotable: la correlación existente entre los futuros del índice y el mercado estadounidense de bonos.

¿Cómo se vinculaban los instrumentos? Cuando los bonos subían de precio y reducían las tasas que pagaban durante el *after-hour* (la sesión que continúa tras el cierre), motivaban un alza de las acciones del S&P 500 en la apertura de la siguiente rueda por la caída en el valor temporal del dinero y la menor exigencia de un bajo ratio precio/ganancias.

Schwartz adquirió entonces un servicio poco convencional para la época que le brindaba cotizaciones del mercado de bonos en tiempo real, incluidas las negociaciones del *after*. El horario oficial de ese mercado era más breve que el de las acciones y los futuros, dado que concluía a las 15, pero el postcierre operaba hasta después de las 16, igual que la rueda para la renta variable.

Nuestro *daytrader* decidió poner a prueba su teoría al día siguiente de descubierta la relación. Como se produjo una suba en el precio de los bonos en el *after-hour*, optó por comprar 50 contratos del S&P 500 justo antes del cierre. Para su satisfacción, el mercado obedeció y en la apertura pudo vender su tenencia con un beneficio de 7.500 dólares.

Aplicó la estrategia a lo largo de septiembre sin exagerar los montos y pese a ello pudo embolsar unos 160.000

dólares que lo animaron a más. Ya en octubre apostó fuerte por su teoría, y la satisfacción fue total: ese mes se alzó con 1,4 millón de dólares, enorme premio para un descubrimiento.

Éxito, fracaso y éxito de nuevo

Alcanzado el éxito y logrado el reconocimiento de sus pares, la vida de Schwartz tomó un camino de película: se inscribió en un concurso de *traders* altamente competitivo en los Estados Unidos que no fijaba topes en los montos a invertir. En las dos rondas iniciales logró destacarse en el ranking de rendimientos obtenidos y alcanzar el primer lugar en ganancias gracias a sus apuestas generalmente más abultadas que las del resto. En la tercera y última ronda logró el primer puesto en ambos rubros, y concluyó el concurso con activos en cartera por 1,2 millón de dólares, muy por encima de los 484.000 invertidos en un principio.

A Schwartz le llovían propuestas de trabajo de los principales agentes de Bolsa de Wall Street. Le ofrecían gestionar grandes fondos de dinero y altas comisiones sobre las ganancias. En 1988, mordió la manzana y aceptó una propuesta de Commodities Corp. para gestionar 10 millones de dólares con 30% de comisión para él sobre los beneficios. Dejaba entonces de administrar su propio dinero para volver a trabajar en relación de dependencia.

El incremento del monto administrado dificultó la tarea de Marty: ya no resultaba tan sencillo tomar y abandonar posiciones. De todos modos, obtuvo rendimientos aceptables, y en 1990 decidió dejar la firma para crear dos *hegde funds*: Sabrina Partners L.P. y Sabrina Offshore Fund Ltd.

El dinero de los inversionistas llovía gracias a su incipiente fama y el capital administrado creció hasta 70 millones de dólares pese a las altas comisiones que cobraba en relación con la media del mercado. Ese alto costo de comisión, en teoría muy conveniente para su bolsillo, le terminó jugando en contra: los clientes, que le exigían rendimientos superiores al promedio, no le perdonaron haberse mantenido al margen de un rally del mercado y los rescates se aceleraron, deteriorando su salud.

Luego de someterse a una operación a corazón abierto, Schwartz se retiró del negocio, aunque siguió ejerciendo el *trading* ya sin presiones, con los cuadros y obras de arte de su departamento de 3 millones de dólares de Manhattan.

John Slade, el autor de las jugadas maestras

Obstinado y perseverante, John Slade fue un inversionista que supo enfrentar con coraje las situaciones adversas y sacar provecho de ellas sin renunciar a sus metas en la vida.

Nacido en Frankfurt, Alemania, en 1908 con el nombre de Hans Schlesinger, conoció desde muy pequeño la hostilidad de una sociedad donde el antisemitismo ganaba cada vez más adeptos. Cuando tenía 26 años, su padre, un próspero agente inmobiliario, le confesó que quería verlo estudiar abogacía, pero la pasión del entonces Hans pasaba por los deportes, más precisamente por el hóckey, y en sus sueños se imaginaba participando de los juegos olímpicos que se desarrollarían en 1935 en Berlín.

Sin embargo, su condición religiosa lo dejó fuera del seleccionado germano y lo obligó a pensar seriamente en emigrar hacia otras tierras, decisión que tomó en 1936 luego del encierro en prisión de un ex compañero de equipo también judío al que se acusaba de haber besado a una joven no judía. Hans imaginaba que las cosas empeorarían…

Arribó así a los Estados Unidos sin hablar prácticamente inglés y con poco dinero encima, pero grandes ambiciones. No bien llegó, comenzó a buscar trabajo, y en su búsqueda alguien le recomendó evitar Wall Street, con la advertencia de que allí no había futuro. Pero un banquero para el que había trabajado en Frankfurt le pasó un contacto en el *broker* Bear Stearns, dedicado a operaciones con bonos y acciones.

Así consiguió su primer empleo en los Estados Unidos como cadete mensajero y con un sueldo mensual de 60 dólares. Escaló posiciones rápidamente en la firma hasta 1940, cuando eclipsó a los directivos con una jugada maestra: el 9 de abril de ese año, gracias a que se mantenía muy al tanto de la realidad europea, vendió en descubierto una gran suma de bonos noruegos. Al día siguiente, los soldados alemanes comenzaron a marchar sobre ese país y los precios de los bonos se derrumbaron, lo que le permitió recomprarlos a valores sensiblemente inferiores y devolverlos de inmediato, para embolsar por la diferencia entre el precio de compra y el de venta alrededor de 80.000 dólares, una suma más que abultada para la época.

La jugada lo depositó en el puesto de jefe de Arbitrajes de Bear Stearns. Se sintió afianzado en su nuevo hogar y con fuerza para tomar tres decisiones importantes: adoptar un nombre anglosajón, enviarle dinero a su familia para que huyera de Alemania antes de que fuera demasiado tarde y enrolarse en el ejército estadounidense para combatir a los nazis en Europa.

Según las crónicas de la guerra, su intervención resultó de gran utilidad debido a su lengua materna, que lo hizo partícipe como traductor de negociaciones referidas a la rendición de oficiales nazis de alto rango. De regreso en los Estados Unidos, fue condecorado con la medalla de bronce.

La revancha deportiva

En 1948, aún conservando su puesto en Bear Stearns, entendió que el deporte debía darle una segunda oportunidad y pese a sus 40 años armó un equipo de hóckey para participar de los juegos olímpicos a realizarse ese año en Inglaterra.

El seleccionado estadounidense pasó sin pena ni gloria por los juegos, pero el fracaso deportivo en nada empañó la experiencia de Slade, quien manifestó haber vivido uno de los mejores momentos de su vida al marchar ante 12.000 personas en el mítico estadio Wembley destacado como uno de los deportistas de mayor edad de la competencia.

Concluidos los juegos, desde Bear Stearns le preguntaron si aceptaba la idea de quedarse un tiempo en Europa para abrir sucursales de la firma. Aceptó el desafío y, bajo su supervisión, el *broker* norteamericano supo ganar presencia en el Viejo Continente y sobre todo en Alemania Occidental, donde Slade diseñó una segunda jugada maestra: comprando bonos y acciones de empresas locales menospreciadas por el público inversionista, logró a la larga ganar muchísimo dinero con el desarrollo económico y social del país.

Finalmente decidió retornar a los Estados Unidos, donde continuó operando activamente y brindando consejos a los ejecutivos de cuenta que recién se iniciaban. Les recomendaba no diversificar en exceso sus carteras de inversión, sino concentrar el capital en pocos títulos de calidad, operándolos con buen *timing*. Y les recordaba que el éxito dependía en un 80% de la suerte, en un 10% del análisis que realizaran y en el 10% restante, del sacrificio que estuvieran dispuestos a hacer para superarse.

GURÚES FINANCIEROS

Test 1

Buena parte del camino al éxito se recorre siguiendo los pasos de quienes de alguna forma lo han trazado. Por lo tanto, no viene mal repasar con preguntas básicas y directas la vida de los gurúes destacados en este libro. Marque con una cruz la respuesta que considere correcta y determine cuánto sabe sobre ellos. Repita este ejercicio con su pareja o un amigo que no haya leído el libro.

1. ¿Cuál de estos inversionistas se hizo famoso por ganar unos 1.000 millones de dólares especulando contra la libra esterlina?

   a. George Soros   (__)
   b. Warren Buffett (__)
   c. Peter Lynch   (__)

2. ¿Quién hace mayor hincapié en la estrategia de valor para la toma de decisiones de inversión?

   a. Warren Buffett (__)
   b. George Soros   (__)
   c. Peter Lynch   (__)

3. ¿Cuál se inclina por conocer a fondo los productos y servicios de una empresa antes de invertir en ella?

   a. Warren Buffett (__)
   b. Michael Price   (__)
   c. Peter Lynch   (__)

4. George Soros es un inversionista que acostumbra comprar un activo y quedárselo por mucho tiempo. No es un especulador financiero.

   a. Verdadero   (__)
   b. Falso, esa afirmación se adecua más al perfil de Peter Lynch
      (__)
   c. Falso, esa afirmación se adecua más al perfil de Warren Buffett (__)

5. ¿Qué retorno anual promedio logró el Magellan Fund entre 1977 y 1990 y quién lo administró durante ese período?

   a. Del 40% y el "piloto" fue Michael Price   (__)
   b. Del 29% y el "piloto" fue Peter Lynch   (__)
   c. Del 20% y el "piloto" fue Warren Buffett   (__)

6. ¿Quién fue el autor de la célebre frase: "No son las respuestas las que te hacen exitoso en los negocios, son las preguntas que te formulas"?

   a. Michael Price (__)
   b. George Soros (__)
   c. Peter Lynch (__)

7. ¿Qué retorno anual promedio logró Warren Buffett con su fondo Berkshire Hathaway desde 1966 hasta 2008?

   a. Del 35,2% (__)
   b. Del 25,8% (__)
   c. Del 23,3% (__)

8. ¿Cuál de estos tres inversionistas llegó a ser considerado el más rico del mundo a principios de 2008?

   a. Warren Buffett (__)
   b. George Soros (__)
   c. Peter Lynch (__)

Respuestas correctas:

1:a, 2: a, 3: c, 4: c, 5: b, 6: a, 7: c, 8: a.

Resultado

De 0 a 3 respuestas correctas: su noción acerca de la vida y obra de los inversionistas más exitosos de todos los tiempos no es muy profunda, pero no desespere: ¡hay mucho material para leer! Le aconsejamos comenzar con algún libro de George Soros o con alguna biografía financiera sobre Warren Buffett.

De 4 a 7 respuestas correctas: usted ha leído con atención las breves historias aquí narradas sobre los gurúes, o tiene bien aprendida la lección. Si bien se encuentra en el camino del éxito, para el resultado perfecto aún le falta. ¡Anímese y siga estudiando!

8 respuestas correctas: ¡felicitaciones! Ha sabido responder la última pregunta pese a que nada contamos antes aquí sobre el primer puesto alcanzado por "El oráculo de Omaha" allá por marzo de 2008 en el ránking de la revista *Forbes*. Seguramente, ya estará aplicando las enseñanzas de estos verdaderos maestros de las inversiones y gozando de los resultados. No obstante, sabrá que no debe quedarse con lo ya aprendido, sino aspirar a más. ¡Mucha suerte!

Nanotecnología, el futuro al alcance de la mano

¿Existe algún mercado que ostente mayor potencial de crecimiento que Internet y aún permanezca alejado de la vista de los inversionistas? Existe y tiene nombre: el de la nanotecnología.

¿Pero en qué consiste la nanotecnología? En su sitio web, la Real Academia Española (www.rae.es) la define como la "tecnología de los materiales y de las estructuras en la que el orden de magnitud se mide en nanómetros, con aplicación a la física, la química y la biología". Más generosa, la comunidad de Wikipedia (http://es.wikipedia.org) la describe como un campo de las ciencias aplicadas, dedicado al control y la manipulación de la materia a una escala menor que un micrómetro, es decir, al nivel de los átomos y las moléculas. Generalmente –añade– se trabaja en un rango de entre uno y cien nanómetros (entre una y cien millonésimas de metro), "el menor tamaño al que se puede llegar cuando se habla de objetos materiales".

La revolución que implica la nanotecnología no se limita al tamaño de los objetos que manipula. Su cualidad distintiva refiere fundamentalmente al cambio que sufren a esa escala las propiedades físicas y químicas de la materia. La conductividad eléctrica, el color, la resistencia, la elasticidad y la reactividad, entre otras propiedades, se comportan de maneras diferentes. El oro, por ejemplo, que a simple vista es amarillo, está compuesto por nanopartículas rojas.

Bien estudiadas, las nuevas propiedades pueden aprovecharse para lograr efectos antes impensados con los mismos elementos y en los ámbitos más variados, como la medicina o la energía. Sin embargo, ese manejo no está exento de riesgos: varias empresas de cosméticos elaboran cremas antiarrugas y bloqueadores solares con nanopartículas de dióxido de titanio y óxido de zinc que –según se descubrió más tarde– a esa escala producen radicales libres en las células de la piel, que dañan el ADN y aceleran el envejecimiento.

De todos modos, y más allá de las continuas advertencias respecto del escaso capital destinado a la detección y prevención de los efectos adversos, son pocos los especialistas que dudan acerca de las infinitas posibilidades de desarrollo y aplicación de la nanotecnología. De allí que sólo en los Estados Unidos se destinaran hasta fines de 2008 unos 4.500 millones de dólares al año para investigación nano y que en China se contaran unas 800 empresas probando suerte en el rubro.

Para el inversionista con mirada a futuro, el atractivo es enorme dado que todo parece indicar que el sector experimentará un crecimiento exponencial de aquí en adelante, hasta alcanzar un peso relativo en la economía mundial hoy difícil de imaginar. Por eso y porque el tema aún resulta desconocido o demasiado complicado para la mayoría de la gente, invertir tempranamente en las firmas líderes en nanotecnología podría equivaler a lo que fue la compra de acciones de Amazon (AMZN), eBay (EBAY) o Google (GOOG) en sus comienzos.

La nanotecnología, en marcha

En la actualidad, se comercializan cientos de productos basados en nanotecnología. En una clasificación que no se pretende exhaustiva, aquí mencionaremos sus principales ámbitos de aplicación.

El primero es el del desarrollo de materiales más efectivos y más baratos que los actuales, como los nanotubos, que al ser cien veces más rígidos que el acero y diez veces más resistentes que el grafito, son utilizados en las raquetas de tenis para reforzarlas y afirmar la cabeza y el mango. O el de los cristales para anteojos fabricados a base de polímeros (macromoléculas formadas por la unión de moléculas más pequeñas) ultrafinos con propiedades protectoras, antirreflejantes y autolimpiantes.

Un segundo rubro en el que se está utilizando este tipo de tecnología es el de la electrónica e informática, cuyos consumidores observan complacidos cómo se continúa reduciendo el tamaño de los chips, ampliando las memorias sin utilizar más espacio y diseñando pantallas más brillantes, livianas y eficientes en el uso de energía, todos avances que terminarán permitiendo, entre otras cosas, la fabricación de computadoras cada vez más pequeñas y potentes.

Una de las precursoras en este ámbito fue la japonesa Toshiba, que presentó en 2005 modelos de reproductores MP3 capaces de funcionar sin pilas ni baterías, sino mediante nanocélulas de combustible. Esta nueva tecnología, denominada *Direct Metanol Fuel Cell*, ya se aplica también en teléfonos celulares y computadoras portátiles.

Otro sector en el que la nanotecnología está ganando adeptos es el de la medicina, donde las expectativas sobre los adelantos que pueda generar en términos de prevención, diagnóstico y tratamiento de enfermedades son enormes. Se habla ya de la incorporación de sondas nanoscópicas que permitirán controlar el estado de salud de una persona durante las 24 horas del día, del desarrollo de nuevas herramientas para combatir enfermedades hereditarias, y de la creación de nanocélulas anticancerígenas que se introduzcan en los tumores y los vayan destruyendo sin contaminar a las células sanas.

Las industrias farmacéutica y de cosméticos, muy vinculadas a la medicina, también se encuentran experimentando cambios revolucionarios a partir de la nanotecnología. Investigaciones destinadas a elaborar nanotubos de carbono que fortalezcan los huesos de las personas con osteoporosis o nanocápsulas que permitan penetrar las raíces del cabello y estimular su crecimiento son algunas de las tantas que desvelan a laboratorios y pacientes.

Por último, tenemos el sector de la energía, donde abundan los proyectos cuya meta principal es desarrollar fuentes menos contaminantes y más eficientes, así como nuevas formas de almacenamiento. Y dentro de este campo, encontramos el de la energía solar, que en muchos lugares del planeta se convertirá en la mejor alternativa a las fuentes tradicionales cuando logren reducirse tanto los costos de producción de las células solares como el espacio necesario para almacenar la energía.

Empresas en la mira

Hemos mencionado a Toshiba (TOSBF) como pionera en la aplicación de nanotecnología en productos de electrónica e informática. Debe decirse que no es la única: gigantes como IBM, Hewlett-Packard (HPQ), NEC (NIPNF) e Intel (INTC) también marcan el paso del sector en todo lo referido a investigaciones nano.

En cosmética, L'Oréal (LRLCY) viene invirtiendo cientos de millones de dólares por año para mejorar sus productos, mientras que la mucho más pequeña y desconocida Nanogen (NGEN) intenta hacerse un lugar en el mundo a partir de la venta de lociones para disminuir la caída del cabello o, al menos, disimularla.

En vestimenta, firmas como Gap (GPS) o Nike (NKE) apelan al conocimiento de proveedoras como Nano Tex para comercializar prendas elaboradas con "telas inteligentes", tal como se denomina a aquellas que no necesitan más que sacudirse para olvidar una mancha de vino tinto o que hidratan la piel con aloe vera en el mismo acto de fricción, generando una sensación de frescura y suavidad que puede extenderse a lo largo de veinte puestas.

Podemos continuar mencionando sectores de la economía y hallando en casi todos un puñado de firmas que tienen como eje a la nanotecnología. Para usted, inversionista, sobran las oportunidades de hacer un gran negocio. Investigue, analice y ¡elija la que más le guste!

4. ¡VAMOS AL MERCADO!

Introducción

Continuando con el objetivo de embarrarnos los pies, abordaremos a continuación un mundo fascinante: el de las acciones, las opciones, los ETFs y los bonos; en resumen, el de los activos financieros más demandados por el público inversionista a nivel global.

La naturaleza de cada especie, sus principales características, ejemplares, los distintos usos que podemos darles y algunos consejos clave para desenvolvernos lo mejor posible en cada ámbito constituyen la trama de este capítulo, seguramente más pedagógico que los anteriores.

¡A no confundirse! El espíritu de las próximas líneas debe entenderse netamente introductorio: creemos que quien desee profundizar en uno o más temas encontrará aquí una buena puerta de entrada, nada más (y nada menos).

Invertir en acciones

Comprar acciones es una tarea sencilla: el inversionista abre una cuenta en un banco o un *broker* y opera, aun con muy poco dinero. Menos sencillo es comprender en toda su dimensión el lugar que ocupa en el mundo de las finanzas ese inversionista devenido en accionista de una o más empresas.

Ante todo, al adquirir acciones, la persona se "asocia" al éxito o fracaso de la empresa emisora, que abre su paquete accionario al público con el objetivo de financiarse sin asumir mayores costos –como sí lo haría si emitiera bonos o tomara un préstamo bancario– e incorporar socios que avalen o incluso enriquezcan con nuevas ideas sus proyectos de inversión y negocios.

Generalmente, las compañías emisoras se reservan la tenencia de la mayoría accionaria (50,1% o más) a fin de conservar el poder en la toma de decisiones. Las únicas obligaciones que asume la IPO (*Initial Public Offering* u oferta inicial de acciones) son la de convocar a asambleas, presentar periódicamente balances en detalle ante un organismo de control bursátil, e informar sobre cualquier hecho que pueda repercutir en la cotización de las acciones.

En el corto plazo, la suerte del inversionista está atada al precio de mercado de la compañía, que puede variar por factores endógenos (presentación de buenos o malos balances, por ejemplo) y/o exógenos (alzas generalizadas por clima de euforia o bajas indiscriminadas por pánico, entre muchos otros). En el mediano y, principalmente, en el largo plazo, puede comenzar a pesar en la inversión un eventual retorno resultante del cobro de dividendos (el porcentaje de la ganancia anual obtenida por la empresa que se reparte entre los accionistas).

No obstante, como el pago de dividendos no es obligatorio, en aquellos casos en que las empresas no registren ganancias o decidan reinvertirlas en lugar de repartir el dinero, el accionista se verá beneficiado sólo si al momento de vender los títulos logra colocarlos a un precio mayor que el de compra, habiendo contemplado en el cálculo la inflación registrada a lo largo del período.

Detallado el punto, una pregunta capciosa que acostumbra hacerse en los cursos sobre mercado de capitales refiere al tipo de empresa en la que conviene invertir: ¿en aquella que reparte dividendos o en la que no lo hace? Guiado por el sentido común, el auditorio usualmente responde a favor de la primera, pero lo cierto es que en el mercado los dividendos no siempre son bienvenidos: una compañía que no distribuye beneficios porque prefiere reinvertirlos para seguir creciendo, o desarrollarse, suele llevarse más aplausos que otra que decide incrementarlos y reconocer sin decirlo que no encuentra un buen destino para ese dinero.

Esto no quita que no haya inversionistas adeptos a aquellas empresas grandes que, al pagar una tasa de dividendos (*dividend yield*) histórica relativamente estable, les aseguran un retorno todos o casi todos los años mientras esperan que las acciones se aprecien lo suficiente para venderlas.

Lo cierto es que para unos y otros –los amantes de los dividendos y los indiferentes– resulta esencial realizar, antes de cualquier operación de compra de acciones, un análisis de los *fundamentals* de las empresas de su interés, de los gráficos de cotizaciones y de los riesgos que están dispuestos a correr en pos de obtener determinados beneficios. Tal como se ha señalado en el capítulo anterior, dado que es su capital el que pondrán en juego, ese análisis debe ser propio y, en lo posible, cotejarse con otras evaluaciones realizadas preferentemente por profesionales independientes.

Al respecto, sucede con frecuencia que los inversionistas actúan en base a las evaluaciones de las calificadoras de riesgo más reconocidas, ignorando el sesgo que pesa sobre muchas de sus conclusiones: las empresas analizadas son, en innumerables ocasiones, clientes de esas firmas a las que contratan justamente para que las califiquen y difundan sus notas o perspectivas. En consecuencia, cualquier dato negativo puede terminar siendo minimizado, cuando no eliminado junto con el resto del informe si el cliente lo juzga perjudicial y contrario a sus intereses.

Comprender la naturaleza de estos vínculos polémicos entre jueces y partes nos sirve también para evitar que casos como el de Enron o Lehman Brothers nos tomen por sorpresa como a las distraídas calificadoras y para ser los primeros y no los últimos en convencernos de su destino de quiebra.

Planificando nuestro retiro: las acciones preferentes

Si las acciones ordinarias son consideradas instrumentos de renta variable porque no otorgan ninguna garantía de rendimiento positivo ni saldan capital al cabo de un tiempo en manos del tenedor, las denominadas *preferentes* constituyen un mix entre la renta variable y la fija –tradicionalmente identificada con los bonos– dado que al no tener vencimiento, tampoco ofrecen devolución de capital, pero sí pagan un monto fijo en concepto de dividendos.

Además de ser obligatorio su pago cuando la compañía emisora presenta ganancias, esos dividendos –también llamados *cupones*– deben ser superiores a los que podrían llegar a repartirse entre los tenedores de las acciones ordinarias. Y en caso de que por algún motivo no sean saldados en tiempo y forma, deberían abonarse en los siguientes períodos, siempre y cuando en el estatuto de la sociedad se les otorgue carácter acumulativo.

Estas características, sumadas a otras menos conocidas pero no por ello menos importantes, como la del privilegio que otorgan a la hora de cobrar el efectivo resultante de la liquidación de bienes y el pago de las deudas en una eventual quiebra, hacen de las acciones preferentes un instrumento atractivo para los inversionistas, sobre todo para aquellos que buscan ingresos regulares y pocos cambios en la composición de sus carteras.

Generalmente, estos instrumentos cotizan en las plazas de Europa y los Estados Unidos y pagan dividendos en forma trimestral, después del anuncio de los resultados corporativos. Y si bien se los suele comprar con la idea de mantenerlos durante un buen tiempo, es importante entender que sus precios son sensibles a las variaciones de las tasas de interés rectoras del mercado, pudiendo subir cuando ellas bajan, y bajar cuando ellas suben, y modificar así el valor de la tenencia del inversionista.

De todas maneras, si lo que se busca es una colocación de largo plazo que ofrezca una renta relativamente alta y permanente, los movimientos de precios no deberían afectar el humor del inversionista, cuyos ingresos vía cupones no variarán.

Es más: un retroceso en los precios podría significar una oportunidad de compra de más acciones, apelando a los intereses obtenidos por las preferentes ya en cartera, mientras que un alza importante podría convertirse en señal de venta y espera de tiempos de activos más baratos y tasas más atractivas.

Noé no aguardó a ver las primeras gotas para comenzar a construir el arca. ¡Cuanto antes nos ocupemos de nuestro futuro, mejor!

Penny stocks: a todo o nada

*Se denomina penny stocks
a las acciones de empresas
de baja capitalización bursátil
que operan a precios bajos fuera
de los mercados regulados estadounidenses.
Estos activos son generalmente considerados
altamente riesgosos y especulativos debido
a su escasa liquidez, el gran spread
entre precio de compra y precio de venta
y la pobre información brindada por los emisores.*

www.investopedia.com

Todo inversionista medianamente informado escuchó alguna vez hablar sobre las ganancias siderales que promete el mercado de *penny stocks*. Se vio seducido por esos relatos con sabor a fábula acerca de inversionistas que, de la mano de empresas hoy mundialmente reconocidas como Microsoft o Xerox, lograron amasar millones apostando muy poco dinero. También prestó atención a la otra campana, aquella que habla de engaños sufridos por conocidos de conocidos y que advierte sobre la naturaleza fraudulenta de un mercado creado supuestamente con el único objetivo de estafar. Como casi siempre, la verdad se ubica en un punto intermedio.

Características de las *penny stocks*

Por definición de la SEC (*Securities and Exchange Commission*) estadounidense, se les adjudica el estatus de *penny stocks* a las acciones de una empresa a partir de su precio al público, y no por la capitalización bursátil de la compañía emisora (el valor total de la compañía calculado en base al precio de las acciones disponibles en plaza). De acuerdo con la SEC, ese precio al público no debe superar los 5 dólares por acción, un valor que para muchos títulos parece inalcanzable debido a que cotizan a menos de un centavo.

Pero más allá de la definición oficial, útil para enmarcar el concepto, lo cierto es que generalmente las firmas emisoras de estos títulos observan capitalizaciones bursátiles inferiores a los 500 millones de dólares debido justamente a sus bajos precios de negociación.

En los Estados Unidos las *penny stocks* son mayoritariamente PyMEs desconocidas y empresas grandes extranjeras que no pueden o no quieren cumplir con los requisitos para cotizar en recintos muy controlados y, en consecuencia, operan en el mercado OTC (*Over the Counter* o mercado no oficial o extrabursátil), donde los inversionistas saben que arriesgan más y exigen precios más baratos para entrar.

El mercado OTC

A pesar de las críticas que se renuevan con las crisis y los casos de fraude, cierto es que las plazas norteamericanas NYSE, AMEX y NASDAQ poseen estándares elevados de control de las empresas cotizantes, que deben obedecer reglas estrictas de la SEC proclives a otorgarles transparencia a las operaciones y la información necesaria a los inversionistas individuales e institucionales para que actúen con el mayor conocimiento de causa posible.

En el mercado OTC –que provee acceso a más de 3.300 empresas emisoras–, la realidad es muy diferente: las empresas no están obligadas a presentar balances ni informar sobre hechos que puedan afectar su cotización, aunque muchas lo hacen voluntariamente y establecen así un filtro clave en la elección del inversionista, quien de todos modos deberá acostumbrarse a variaciones de precios de entre 20 y 500% si desea tomar posición en el mercado.

Sucede que –salvo excepciones– los emisores de *penny stocks* que cotizan en el OTC tienen historias operativas breves o se encuentran en situaciones financieras precarias, dos características que elevan enormemente la incidencia de la percepción y las expectativas de los participantes sobre los precios.

Ante semejante escenario de volatilidad, para quienes estén interesados en participar, es recomendable observar primero y por un lapso prudencial al mercado a fin de estudiarlo y tomar conciencia de los riesgos que se asumen.

En la Web existen distintos sitios que, a través de un sistema conocido como *Pink Sheets Electronic Quotation Service*, detallan en tiempo real las cotizaciones de los papeles, sus mejores precios de compra/venta, los máximos y mínimos de la jornada, el volumen operado, la historia de las empresas emisoras y sus números de teléfono y direcciones. Los principales son OTC Bulletin Board (www.otcbb.com), Pink Sheets (www.pinksheets.com) y Global Penny Stocks (www.pennystock.com).

Y a la hora de operar, la costumbre encuentra a los *brokers* norteamericanos que ofrecen el servicio de *trading* de acciones por Internet como el medio natural para hacerlo, aunque no todos están autorizados a negociar *penny stocks*. Aquí citamos a varios de los autorizados: E*Trade Financial (www. etrade.com), Ameritrade (www.tdameritrade.com), Charles Schwab (www.schwab.com), Acutrade (www.acutrade. com), Trading Direct (www.tradingdirect.com) y myTrack (www.mytrack.com).

Dentro de este conjunto de *brokers* podemos establecer diferenciaciones.

- **Full services brokers** (agentes de servicio completo): son aquellos que ofrecen asesoramiento personalizado y poseen un departamento de *research* que pretende orientar a sus clientes antes de invertir. Estos *brokers* reciben órdenes de compra/venta por parte de los inversionistas y las ejecutan por ellos.

- *Discount brokers* (agentes de descuento): se denomina así a los que cobran comisiones más bajas por sus operaciones, pero ofrecen un abanico reducido de estudios de mercado y un asesoramiento limitado. Además, los clientes deben encargarse de ejecutar las operaciones.

- *Online brokers* (agentes en línea): sus comisiones por transacción son las más bajas del mercado y se desentienden de investigar el mercado. Corren por cuenta de los inversionistas tanto el análisis como la carga de órdenes de compra/venta.

Algunos consejos útiles

Si todavía no salió espantado o considera que tarde o temprano operará *penny stocks* en busca de rentabilidades estratosféricas, tómese unos minutos para leer los siguientes consejos.

1. **Examine la distribución de los accionistas:** es importante analizar la estructura y distribución de las acciones de la empresa de su interés. Si tras investigar descubre que la mayoría de las acciones se encuentran en una única cuenta bancaria, probablemente no le convenga invertir en ese papel, puesto que detrás hay una sola persona que maneja a su gusto las cotizaciones, empujándolas hacia abajo cuando desea comprar y hacia arriba cuando su intención es vender.

2. **Verifique la existencia de la empresa:** la tarea es tan obvia como necesaria. Todo inversionista debe comprobar que la empresa de su interés existe y opera. La mayoría de las firmas ofrecen números de teléfono, casillas de correo y direcciones físicas donde encontrarlas. No dude en llamar y hacer las preguntas pertinentes. Si de fondo oye ruidos

que no se corresponden con lo esperado, simplemente cuelgue: es probable que todo sea una estafa.

3. **Repase la historia de las acciones:** es un paso clave. Si se trata de papeles que llevan poco tiempo cotizando o pasan períodos sin transacciones, lo mejor es no apurarse y seguir su evolución durante varios meses antes de comprar.

4. **No arriesgue demasiado capital:** cuando se invierte en activos de alto riesgo es muy importante determinar si se puede afrontar una eventual pérdida del total apostado. Los profesionales suelen recomendar no destinar mucho más del 10% del capital a este tipo de jugadas.

5. **Busque mediciones alternativas de valor:** por la ausencia o escasez de datos, resulta difícil imaginar el valor intrínseco de las empresas emisoras de *penny stocks*. En consecuencia, lo ideal es buscar fuentes alternativas que le permitan calcular valores sin caer en la histeria de un mercado impulsado fundamentalmente por los rumores y las especulaciones.

6. **No confiar en los *hot tips*:** es muy común en este mercado leer recomendaciones de compra basadas en datos imposibles de corroborar. También, recibir correos electrónicos donde se aconseja adquirir *penny stocks* que supuestamente prometen ganancias siderales. Estos informes y mensajes son casi siempre diseminados por inversionistas y operadores que tienen una gran cantidad de acciones en su poder y no las pueden vender. Su objetivo es salir al mejor precio posible, para lo que engañan a desconocidos desinformados. Si las oportunidades de inversión suenan demasiado buenas para ser ciertas, es porque probablemente no lo sean.

Hay vida después del cierre

Contrariamente a lo que suele creerse, la operatoria de acciones estadounidenses no comienza ni concluye en el horario oficial del mercado, sino que en las más de 17 horas que, salvo los viernes, separan al cierre de la siguiente apertura, se realizan cientos de operaciones que buscan anticiparse a lo que vendrá.

Las concretadas antes del inicio de la rueda –que comienzan una hora y media antes– se enmarcan en la preapertura y cobran relevancia aquellas mañanas en que se publican datos macroeconómicos importantes, como la evolución del PBI, del desempleo o la inflación en los Estados Unidos.

Las posteriores al cierre, que se extienden también durante 90 minutos, conforman el *after hour*, monitoreado con suma atención en tiempos de reportes de empresas, generalmente publicados una vez concluida la jornada bursátil para evitar temblores difíciles de controlar.

Como el lector podrá imaginarse, antes de operar en el horario extendido es necesario conocer las especificidades del caso. A continuación, las principales.

a. Se trata de un mercado extraoficial donde la liquidación de las operaciones no está garantizada por entes reguladores. Sin embargo, en la práctica no suele haber problemas de este tipo dado que los mismos *brokers* controlan muy de cerca el accionar de sus clientes.

b. Si bien la expansión del *trading* electrónico está masificando el mercado del horario extendido y disminuyendo el costo de comisión de las operaciones para asemejarlo al del horario oficial, el volumen negociado aún es sensiblemente menor, lo que favorece –como en cualquier mercado poco líquido– la manipulación de precios por parte de los *big boys*, quienes mueven a diario gran cantidad de dinero.

c. Fuera del período de presentación de balances, los activos más transados en horario extendido acostumbran ser los ETFs de índices –SPY, DIA, QQQQ–, que pueden anticipar la tendencia del mismo día o del siguiente, y las acciones más relevantes del índice tecnológico Nasdaq.

Hay vida fuera de los Estados Unidos

Así como pueden transarse acciones fuera del horario tradicional de Bolsa, en el mercado estadounidense también pueden negociarse papeles extranjeros: los de aquellas empresas que en busca de mayor liquidez o publicidad deciden incursionar en ese mercado, sin importar si ya operan en el de origen.

Se trata de los ADRs (*American Depositary Receipt*), certificados negociables emitidos por un banco estadounidense que representan una cantidad determinada de acciones de una empresa extranjera. Los ADRs cotizan en dólares, mientras que el activo subyacente (las acciones que quedan en custodia en el banco) se mantiene en la moneda del país donde está radicada la compañía.

Vigentes desde 1920, los ADRs resultan ventajosos para los inversionistas globales que operan en los Estados Unidos, dado que les permiten administrarlos desde la misma cuenta que al resto y reducir así los costos de mantenimiento.

Pero sus bondades no se detienen allí: además ofrecen al inversionista una buena oportunidad de diversificar realmente sus tenencias y apostar por compañías de distintas partes del mundo, contando siempre con la seguridad jurídica del mercado neoyorquino.

Supongamos que un inversionista quiere participar del crecimiento que está experimentando una industria puntual en un país determinado. Puede buscar ADRs que pertenezcan a ese sector y elegir la empresa más prometedora sin tener que abrir una cuenta en ese país ni someterse a su legislación. El *broker* estadounidense que le venderá los títulos deberá comprar su equivalente en la plaza correspondiente a través de un *broker* internacional o de una sucursal propia y mantenerlos bajo custodia.

La cantidad de ADRs a emitir dependerá de la cantidad de acciones adquiridas en el mercado de origen y de la fórmula de conversión especificada por la compañía emisora, que pudo haber determinado, por ejemplo, que cada ADR equivale a una, dos, cinco, diez o veinte acciones de la empresa. El precio, por lo tanto, variará según esa fórmula y la relación entre el dólar y la moneda en cuestión, siempre en sintonía con la cotización de las acciones reflejadas.

Cuando esa sintonía se pierde y –dado que operan en mercados distintos– se produce una brecha entre el precio de una acción y su ADR, aparecen los inversionistas u operadores que venden la posición en una plaza y compran en la otra esperando que los valores tiendan a igualarse. A esa operación se la denomina *arbitraje financiero,* y puede tener lugar gracias a la ausencia momentánea de negocios con un título en ambos mercados o a raíz de pronósticos sobre movimientos del tipo de cambio luego descartados.

Finalmente, al igual que las acciones comunes, los ADRs otorgan derechos políticos (participación y voto en asambleas de accionistas) y económicos (cobro de dividendos) a su tenedor.

En el sitio web del Bank of New York Mellon (http://www.adrbnymellon.com/dr_directory.jsp?paramUserType=broker) se ofrece un buscador muy completo de ADRs que permite discriminarlos por región, país, industria, mercado de cotización y emisor en los Estados Unidos.

Estrategias con acciones I: las órdenes *stop*

Lo hemos visto en el segundo capítulo del libro cuando nos adentramos en el trabajo diario de nuestro *trader* de ficción: los *stops* se utilizan como herramienta para disminuir el riesgo de una operación al fijar un límite a las pérdidas en caso de que el activo tome el rumbo contrario al esperado.

En rigor, un *stop loss* (freno a las pérdidas) es una orden de venta automática o manual que se carga a un precio inferior al vigente y que se ejecutará —a menos que el inversionista anule la orden— apenas el activo toque o perfore ese precio, con el propósito de evitar pérdidas mayores. Por supuesto, la estrategia puede fallar: ha habido y sigue habiendo casos en que activos afectados por el pánico inversionista se derrumban y activan órdenes de salida en forma masiva, lo que puebla la plaza de vendedores y agudiza aún más la caída. No obstante, estas situaciones son excepcionales y, como veremos a continuación, pueden evitarse.

Stop market y *stop limit*

La orden *stop market*, o freno a las pérdidas de mercado, es la más conocida de su tipo, de allí que por definición se hable de ella cuando se utiliza el término *stop loss*. Su popularidad se explica por su naturaleza simple y su enorme eficacia: como se ha mencionado, para cargarla sólo se debe fijar un precio de activación, siempre inferior al vigente, de modo de asegurarle al inversionista que ante determinado nivel de pérdidas —generalmente marginal— se abandonará de inmediato la posición para que pueda ir en busca de nuevas oportunidades.

Imaginemos que compramos 1.000 acciones de xyz a 30 dólares cada una y fijamos en 2.000 dólares la pérdida tolerable. Entonces colocamos un *stop market* en 28 dólares y, en caso de que las acciones bajen, aguardamos a que se active a ese valor y nos permita salir a tiempo.

Pero, ¿qué pasaría si las acciones cerraran un día a 28,50 dólares e iniciaran la rueda siguiente en torno a los 22, afectadas por noticias negativas difundidas antes de la apertura? Nuestros títulos se venderían al mejor postor, y nos generarían una pérdida realizada de 8.000 dólares, muy superior a la considerada aceptable en un comienzo.

Sucede que el *stop market* nos garantiza la venta de una posición por debajo de determinado valor, pero no nos adelanta el precio exacto de salida en caso de ejecutarse.

Una opción para evitar este trago amargo es estar atentos a las variaciones de precios y ejecutar las órdenes de salida manualmente para reflexionar sobre la conveniencia o no de salir a cualquier precio y especular, en todo caso, con una recuperación relativamente rápida de las cotizaciones.

La otra posibilidad es apelar al *stop limit*, o freno a las pérdidas con límite, una herramienta que permite cargar dos precios: el de activación del *stop loss* y el del precio mínimo de venta de la posición.

Supongamos ahora que el nivel máximo de pérdida a aceptar ronda los 2.000 dólares y que los papeles fueron adquiridos también a 30 dólares. Colocaremos entonces una orden *stop limit* con *stop*, en 28 dólares y precio límite de venta en 27,80, sabiendo que si las acciones caen a 22 las mantendremos, y podremos elegir en ese momento entre venderlas o conservarlas a la espera de un repunte. En este caso, el riesgo pasa por aguardar una recuperación que nunca llegue o, en una baja acelerada de precios, por perder la oportunidad de salir en valores muy superiores a los del piso de la jornada. En resumen, el *stop limit* nos garantiza un precio de salida de nuestra posición, pero no que la operación de venta se realice.

Por último, acompañando al tradicional *stop loss* y sus variantes, encontramos al *trailing stop*, un instrumento muy utilizado para proteger las ganancias que puedan estar registrándose en una posición. ¿En qué consiste? En correr el precio de salida hacia arriba y en la misma proporción que va variando el activo en cartera. Por ejemplo, si cuando compramos la acción XYZ a $10, fijamos un freno a las pérdidas posibles en $9,50, una vez que la acción confirma nuestros pronósticos alcistas y avanza hasta $11, llevaremos el valor de salida a $10,50, y nos aseguramos un beneficio de 5% en caso de que la tendencia se revierta.

Estrategias con acciones II: *short selling*

> *Las caídas suelen ser*
> *mucho más violentas que las subas.*
> *Por eso, los que juegan a la baja*
> *pueden hacerse millonarios en cuestión de días.*
>
> Anónimo

El conocimiento de la materia y el acceso a la información de calidad marcan la diferencia entre el inversionista profesional, más difícil de hallar, y el amateur, identificado con la mayoría. Para este último existe sólo una forma de ganar dinero en el mercado: comprando barato algo que luego pueda vender caro. En la jerga bursátil se dice que en su estrategia se limita a jugar al alza o tomar posiciones *long*, de allí que en las semanas de caídas pronunciadas, la desesperación domine la escena y sólo unos pocos celebren con champagne.

Si la mayoría juega al alza y sufre con los descensos del mercado sin lograr reaccionar a tiempo, ¿a qué juega la minoría que celebra? Una parte, la mayoría dentro de esa minoría, a percibir el humor del mercado y vender antes de que se produzca o se acelere la caída, para volver a comprar cuando el optimismo retorne al recinto. La otra parte, la minoría, esos inversionistas astutos, silenciosos, sofisticados y rápidos para actuar, simplemente juegan a la baja, al *short selling*.

La estrategia, también abordada sintéticamente por nuestro *trader* imaginario en el capítulo 2, consiste básicamente en lo siguiente.

- El inversionista le alquila al *broker* las acciones que venderá en descubierto.

- El *broker* puede darle esos papeles sacándolos de su propia cartera o de la cuenta de otro inversionista (siempre haciéndose responsable por el alquiler).

- El inversionista vende las acciones alquiladas especulando con que su precio futuro termine siendo inferior al vigente al momento de iniciar la operación.

- Una vez alcanzado el *target* de baja de precio, el inversionista compra en el mercado la misma cantidad de acciones que había alquilado y cubre su posición frente al *broker*, siendo su ganancia la diferencia entre el precio al que vendió las acciones alquiladas y el precio al que las compró para devolvérselas al *broker*, menos el costo del alquiler.

- En lugar de comprar y vender, y embolsar la diferencia, en este caso se vende y se compra, y se embolsa la diferencia. Cambia el orden de las operaciones.

- El cliente debe poseer una cuenta de márgenes adonde irá el dinero proveniente del *short* en concepto de aforo, dinero que no podrá utilizar para otras operaciones hasta tanto no cubra su posición.

Con buen criterio, el lector podría preguntarse cuál es la ganancia del *broker* que tan amablemente le presta al inversionista las acciones a "shortear". La respuesta se encuentra en los intereses provenientes del dinero inmovilizado en la cuenta de márgenes del cliente, intereses que el *broker* obtiene prestando ese dinero a otros inversionistas.

Ahora bien, ¿cuáles son los riesgos que corre el *short seller*? En primer lugar, puede sufrir pérdidas ilimitadas teniendo en cuenta que no existen precios máximos para las acciones pero sí mínimos tendientes a cero. Cuanto más suba el activo "shorteado", mayor será la pérdida del inversionista vendido.

En segundo lugar, si la empresa emisora llegase a abonar dividendos durante el tiempo de vigencia de la operación, el inversionista deberá pagárselos al dueño de los títulos alquilados sin recibir nada a cambio, dado que los papeles ya no estarán en su poder.

Finalmente, aunque es extraño que suceda, el *broker* puede reclamarle a su cliente las acciones alquiladas antes de que este desee devolvérselas. El rescate anticipado se da cuando el *broker* necesita sí o sí los papeles prestados o –en situaciones de subas pronunciadas– cuando teme un incumplimiento del cliente, cuyo dinero depositado en la cuenta de márgenes no alcanza ya para saldar las diferencias de precios.

Está claro: en el mercado la clave reside en acertar la tendencia. Ya no importa si es al alza o a la baja, porque hay instrumentos para ganar con ambas.

El fantástico mundo de las opciones

"Son muy arriesgadas", "son muy difíciles de entender", "sólo las operan los profesionales", "pueden llevarte a perderlo todo". Estas son sólo algunas de las frases desalentadoras que los inversionistas suelen escuchar cuando, invadidos por la curiosidad, comienzan a averiguar sobre la naturaleza de las opciones financieras.

¿Qué hay de cierto en ellas? ¿Puede un inversionista comprar opciones para disminuir el riesgo de su cartera, o indefectiblemente lo incrementará al adquirirlas? Lo primero que debemos saber es que una opción es un derivado financiero. Esto significa que su precio se calcula a partir del precio del activo subyacente (la acción a la cual refiere).

Las opciones pueden comprarse o venderse (lanzarse). *Call* se denomina a la opción de compra de una cantidad determinada de acciones, a un precio dado y con una fecha de vencimiento estipulada de antemano, mientras que a la opción de venta de acciones se la llama *put*.

En principio, quien compra un *call* piensa que el activo subyacente va a subir de precio, mientras que quien lo lanza considera que se mantendrá sin cambios o bajará. El comprador de un *put*, en tanto, imagina un posible descenso en el precio de la acción, al tiempo que el lanzador especula con que el subyacente operará sin cambios, o subirá.

El comprador de un *call* o un *put* tiene el derecho pero no la obligación de ejercer su opción en cualquier momento antes del vencimiento, de acuerdo con el reglamento para las opciones norteamericanas que aquí tomamos como norma. En el caso de las europeas, debe aguardarse al vencimiento para decidir si ejercer o no la opción.

Volvamos ahora a la pregunta del comienzo: ¿son las opciones muy arriesgadas? No necesariamente. Es más, bien utilizadas resultan menos peligrosas y más prometedoras que las propias acciones. Veámoslo con un ejemplo.

Supongamos que, de acuerdo con nuestro análisis, la acción de XYZ –que viene subiendo desde hace un año– tiene grandes oportunidades de escalar otro 20% en poco tiempo, aunque si no lo hace podría sufrir una caída pronunciada, de alrededor del 30 o 40%. Podemos entonces comprar 1.000 acciones de la empresa a $3,32 cada una, e invertir $3.320 esperando ganar $664 y exponiéndonos al riesgo de perder entre $996 y $1.328, o adquirir opciones con vencimiento a dos meses a un precio de ejercicio de 3,25 (es decir que nos deberían vender las acciones a 3,25 cada una si ejerciéramos la opción).

Por tratarse de una opción *in the money* (cuyo precio de ejercicio es inferior al de mercado al momento de adquirirla), debemos pagar por cada una $0,19 en concepto de prima, monto que también considera el tiempo que resta para el vencimiento, entre otros factores de peso. Decidimos comprar 36 lotes (las opciones se comercializan en grupos de cien denominados lotes) e invertir, en consecuencia, casi $695, que serán el límite de nuestra pérdida si fallamos en el pronóstico.

Hacemos cuentas y determinamos que con un alza de 10% en el precio de la acción hasta los $3,65, nuestras opciones se revaluarán alrededor de 120%, lo que nos generaría una ganancia próxima a los $834, unos $170 por encima de lo que obtendríamos si comprásemos directamente las acciones y estas subieran no 10 sino 20% en el mismo período.

Obviamente, no en todas las circunstancias habrá convenido comprar opciones. Si las acciones se mantuvieran estables o cotizaran dentro de un rango relativamente estrecho de precios durante los dos meses de vigencia de las opciones, las pérdidas serían mayores con estas últimas, aunque siempre se verían acotadas al total de lo invertido. Por otra parte, ese mismo total reducido nos permitirá buscar oportunidades de inversión con los $2.625 restantes del monto original de $3.320.

En conclusión, arriesgamos $695 que perderíamos en su totalidad si la acción retrocediera 7 centavos (2%) o más y parcialmente si cotizara entre los $3,25 y los $3,44, sin rondar este último valor en las primeras semanas de operatoria, dado que en ese caso las opciones se apreciarían y podríamos vendérselas a un tercero que especule con ejercerlas o revenderlas más arriba antes del vencimiento.

Si no sucediera esto último y el subyacente concluyera en un rango de precios aproximado de $2,60/3,44, terminaríamos perdiendo frente a la compra directa de las acciones. Pero a diferencia de las pérdidas, nuestras ganancias no aparecen acotadas de antemano y crecerían exponencialmente si el precio del subyacente subiera. Ya lo dijimos: a un alza de 10% en el mercado le correspondería una de 120% sobre las opciones. Y, además, contaríamos con los $2.625 restantes para buscar más oportunidades.

Segunda pregunta: ¿son las opciones muy difíciles de entender? Tal vez se trate de un universo más complejo que el de las acciones, pero no por eso indescifrable. ¿Acaso no es más caótico y enredado el mundo de los bonos, con sus variedades indexadas a la inflación, el PBI, afectadas por las tasas interbancarias, las tasas de los depósitos de particulares, emitidas a tasa fija, con o sin cupón, con devoluciones paulatinas del capital o devolución total al vencimiento? Investigar es la premisa, sea a través de libros y por Internet, o asistiendo a cursos para más tarde adquirir experiencia en el mercado.

Tercera: ¿sólo operan opciones los profesionales? ¡Eso es lo que quieren hacernos creer! El objetivo último de este discurso desalentador es concentrar en pocas manos el manejo de este maravilloso mundo de rentabilidades astronómicas y estrategias de cobertura, pero la realidad es que pese a tanta propaganda negativa, la inversión en opciones cobra cada año mayor popularidad y la demanda de cursos presenciales y on line no cesa.

Finalmente, si bien es cierto que invirtiendo en opciones uno puede perderlo todo, con estrategias bien pensadas podrá reducir el riesgo apostando montos menores de capital o confeccionando una cartera diversificada de opciones con *calls* y *puts* de distintas compañías y con fechas de vencimiento diferentes.

Lo dicho: el de las opciones es territorio virgen para la mayoría de los inversionistas y nunca es tarde para explorarlo. Resumamos sus principales características en el siguiente cuadro y luego repasemos algunas de las tantísimas estrategias a nuestra disposición.

Opciones - Principales características

Comprador de un *call*	Lanzador (vendedor) de un *call*
Paga una prima y adquiere el derecho a comprar durante un plazo determinado una cantidad fija de acciones y a un precio también estipulado de antemano.	Cobra una prima y le otorga a un tercero el derecho de comprarle durante un plazo determinado una cantidad fija de acciones y a un precio también estipulado de antemano.
Especula con un alza en el precio del activo subyacente.	Especula con que el precio del activo subyacente se mantenga sin cambios o baje.
Su riesgo está limitado al monto abonado en concepto de prima. Su eventual ganancia es ilimitada (no se le fija un tope al momento de comprar la opción).	Su riesgo es ilimitado (no se le fijan topes) y su ganancia está limitada al cobro de la prima.
Se beneficiará más que proporcionalmente con la suba del precio del activo subyacente.	Se beneficiará con la baja del precio del activo subyacente.

Comprador de un *put*	Lanzador de un *put*
Paga una prima y adquiere el derecho a vender durante un plazo determinado una cantidad fija de acciones y a un precio también estipulado de antemano.	Cobra una prima y le otorga a un tercero el derecho de venderle durante un plazo determinado una cantidad fija de acciones y a un precio también estipulado de antemano.
Especula con una baja en el precio del activo subyacente.	Especula con que el precio del activo subyacente se mantenga sin cambios o suba.
Su riesgo está limitado al monto abonado en concepto de prima. Su eventual ganancia no tiene límites preestablecidos.	Su riesgo está limitado a la diferencia entre el precio de ejercicio de la opción y cero, multiplicada por la cantidad de acciones comprometidas. Su ganancia está limitada al monto percibido por la prima.
Se beneficiará más que proporcionalmente con la baja del precio del activo subyacente.	Se beneficiará con la suba del precio del activo subyacente.

Estrategias básicas con opciones

La estrategia más sencilla en que piensa cualquier inversionista al que se lo consulta por opciones es la compra de *calls* apostando al alza del precio del activo subyacente, operación que detallamos en el ejemplo previo y que repasaremos a continuación a fin de evacuar cualquier duda que haya quedado en el tintero.

Imaginemos que pagamos $5 por un *call* de ZYX con vencimiento a dos meses y precio de ejercicio de $100. Imaginemos también que la acción cotiza a $100 al momento de la compra del *call*. Sabemos que si al cabo del período se mantiene en ese precio o baja, perderemos el dinero invertido en su totalidad dado que no tiene sentido ejercer la opción si podemos adquirir la acción directamente en el mercado a un precio inferior a $100, mientras que si opera entre $100,1 y $105 perderemos una parte, dado que nos convendrá ejercer la opción para recuperar la diferencia entre $100 y el precio de la acción en plaza.

En rigor, no es necesario ejercer el *call* para obtener una renta: las opciones suelen operarse cual acciones y comprarse y venderse durante el período de vigencia. Por eso, si la acción trepara a $105 al día siguiente de adquirido el *call*, con seguridad este subiría sustancialmente de precio y podríamos venderlo de inmediato en lugar de ejercerlo o seguir especulando con nuevas apreciaciones del activo subyacente.

¿Por qué subiría? Por la mayor probabilidad de obtener importantes beneficios al vencimiento o antes. Un cálculo básico nos dice que si la acción alcanzara en algún momento los $106 –es decir, si subiera menos de 1% respecto de los $105 del segundo día–, ejerciendo la opción podríamos ganar 20%, dado que los $5 originales terminarían transformándose en $6 al ordenar la compra del papel a los $100 pactados y la venta inmediata en el mercado a $106.

Como vemos, la adquisición aislada de un *call* forma parte de una jugada netamente alcista de la que se esperan lograr rentabilidades muy altas arriesgando un capital convenientemente pequeño o moderado. De hecho, si el alza del subyacente fuera marginal –de 2% hasta $102–, con un *call* se terminarían registrando pérdidas muy importantes sobre la inversión, superiores a 60% si sumamos las comisiones que nos cobra el operador, mientras que la compra directa de acciones resultaría en ganancias acotadas, pero ganancias al fin.

Paradójicamente, esta jugada nos cubre de pérdidas superiores a las que creemos que podemos tolerar. Supongamos que en lugar de la opción decidimos comprar la acción en $100 y que esta termina derrapando 20% hasta los $80. Al cabo de dos meses, nuestra cartera se habrá reducido en $20, cuando el *call* nos habría dejado una pérdida de apenas $5, y $95 libres para buscar, por ejemplo, un instrumento conservador que en ese período nos generara un ingreso de $0,5.

Vender un *call* para sacarle tasa al mercado

Por cada inversionista que compre tiene que haber otro que venda. Ocurre con las acciones y ocurre con las opciones. Por eso, para que alguien pueda adquirir un *call*, otro debe lanzarlo. ¿Pero con qué propósito lo haría?

Uno típico es el de sacarle tasa al mercado: el inversionista posee acciones de una compañía y considera que estas operarán sin mayores cambios durante las siguientes semanas. Entonces lanza un *call* que puede ser *at the money* (donde el precio de ejercicio coincide con el de mercado) y recibe una prima que bien podría equivaler al 5% de la tenencia, un monto más que interesante para el período en cuestión. Para asegurarle la entrega de las acciones al dueño de la opción, las mantiene en su cuenta a la vista del *broker*, quien se hará responsable por el cumplimiento de la operación. Hasta aquí, lo que se conoce en el mercado como *lanzamiento cubierto*: se vende un *call* y se depositan las acciones que cubren la potencial operación de compra.

De no contar con las acciones en cartera, el lanzador deberá abrir una cuenta de márgenes a controlar por el *broker*. Allí depositará a diario la diferencia entre el precio de ejercicio y el de mercado, siempre que este resulte superior. Esa actualización de los márgenes le garantizará al *broker* el cumplimiento del contrato por parte del vendedor de las opciones.

Ahora bien, si la venta de *calls* le brinda al lanzador una tasa superior a la que obtendría en colocaciones conservadoras, es porque su ganancia no está asegurada: ¿qué sucedería si el ingreso en concepto de prima por el lanzamiento cubierto del *call* fuese de 5% de la tenencia, y las acciones cayeran 10%? Seguramente la opción no sería ejercida, pero el tenedor de los títulos perdería 5% al término del período.

Por otra parte, ¿qué ocurriría si, tratándose de un lanzador que opera en descubierto, las acciones subieran 10%? El vendedor del *call* perdería también 5% tras cobrar el 5% del precio de ejercicio y pagar las acciones 10% más caras que ese precio original para honrar su compromiso.

En ambos casos, el riesgo de pérdida es ilimitado y la eventual ganancia, limitada, aunque la estrategia puede rendir pequeños frutos en el corto plazo y grandes en el largo. Para quien desee aprovechar al máximo el tiempo, es sólo cuestión de evaluar el momento del mercado y actuar en función de eso.

Comprar un *put* y apostar a la baja

Hemos dicho que la estrategia en que todos piensan cuando se les habla de opciones es la compra de *calls* apostando al alza del precio del activo subyacente. Otra muy popular, sobre todo en épocas de crisis, es la adquisición de *puts* con la expectativa de que el subyacente se deprecie.

Recurramos nuevamente a la ficción y ordenémosle a nuestro inversionista amante de las opciones comprar a $7 un *put* con precio de ejercicio de $70 y vencimiento dentro de 3 meses. El derecho será suyo: al vencimiento de la opción, podrá venderle a la contraparte el activo subyacente a $70.

Si al vencimiento el precio del activo igualara o superase los $70, nuestro inversionista no ejercerá su derecho y entenderá que ha perdido todo el dinero destinado al pago de la prima.

Si la acción cotizara entre $63 y $69,90, podrá ejecutar la opción y recuperar parte de lo invertido al cobrar la diferencia entre el valor de mercado de la acción y el precio de ejercicio pactado.

Finalmente, de operar la acción al vencimiento del plazo, o antes, por debajo de $63, podrá ejercer el *put* y celebrar ganancias más o menos abultadas, según el tenor de la caída del subyacente.

El *put* utilizado como seguro

La compra de opciones de venta, sin embargo, no siempre se enmarca en el deseo ferviente del inversionista de que el subyacente se desplome. Con frecuencia, la adquisición de *puts* forma parte de una estrategia alcista donde el tenedor de acciones no quiere desprenderse de sus activos y –ante la sospecha de que sus pronósticos pueden no cumplirse– prefiere pagar un seguro que lo proteja durante un tiempo de cualquier caída pronunciada.

Para comprender la estrategia, permitámonos establecer una analogía entre el dueño de una casa y el de una acción: mientras que el primero decide pagar todos los meses la prima de un seguro equivalente a un porcentaje menor del precio de su hogar para evitar que un incendio, un robo u otro suceso no esperado ni deseado dañe su patrimonio, el segundo paga la prima de un *put* que le permita mantener su patrimonio en caso de que su activo financiero se deprecie, pudiendo incluso ejercer la opción de venta para cobrar el dinero y adquirir más títulos que los originales pensando en su recuperación a largo plazo.

Aceptada la comparación, ¿no debería cambiar la noción de riesgo para el inversionista? ¿No le parece, lector, que tener acciones sin un seguro contra caídas sensibles de precios equivale en algún punto a vivir en un hogar sin cobertura?

Volvamos a la pizarra: supongamos que somos inversionistas de largo plazo en el mercado de acciones norteamericano. Sabemos que en el corto plazo pueden registrarse turbulencias, pero confiamos en que en el largo, nuestra posición observará un rendimiento anual promedio cercano a 11,30% que el índice s&p 500 supo mostrar durante 90 años antes del estallido de la burbuja de las hipotecas de baja calidad en los Estados Unidos. También sabemos que para replicar con nuestro capital el comportamiento del s&p 500, lo mejor es adquirir el ETF SPY, cuyos administradores se encargan de confeccionar por nosotros una cartera similar a la composición del índice.

Apelamos a u$s100.000 que tenemos ahorrados y compramos 1.000 papeles de SPY a un precio hipotético de u$s100 cada uno especulando con que dentro de varios años ese monto se duplicará, aunque reconociendo al mismo tiempo que no podremos dormir tranquilos si de repente nuestro capital medido en dólares se reduce a u$s90.000 o menos. En consecuencia, acompañaremos esa inversión con la adquisición de *puts* que nos protegerán de una eventual caída del mercado.

¿Cómo lo haremos? Siguiendo los pasos descritos a continuación.

1. Buscaremos la cotización de los *puts* en el mercado, habiendo elegido el precio de ejercicio (*strike*) y el plazo de vigencia deseado.

2. Compraremos la cantidad de lotes necesaria para cubrir nuestra posición, entendiendo que cada lote representa 100 acciones.

3. Supongamos ahora que nuestro objetivo es cubrirnos por 3 meses y que cada opción se negocia a u$s4. Deberemos destinar entonces u$s4.000 para adquirir diez lotes y, con ellos, el derecho a vender nuestros títulos a u$s100 en los siguientes 3 meses.

4. Si al término del período el SPY cotizara a u$s100 o más, no haremos uso de la opción y simplemente daremos por perdidos los u$s4.000 invertidos en nuestro seguro. Si operase entre u$s96 y 99,90, recuperaremos parte de la prima vendiendo a 100 nuestra tenencia, mientras que con una cotización por debajo de u$s96 el dinero invertido en el *put* nos servirá para evitar pérdidas mayores; en algunas oportunidades, muy superiores.

Estrategias combinadas: la creatividad al servicio del dinero

Si puede establecerse una analogía entre la compra de un *put* y la contratación de un seguro para la casa, tranquilamente puede establecerse otra entre el fútbol y una de las estrategias combinadas con opciones más populares: la compra de un *straddle*.

Trasladémonos al cómodo sillón donde nos gusta ver fútbol todos los domingos –porque el fútbol nos encanta– e imaginemos que nuestro equipo tiene un penal a favor. Lo va a patear el goleador, ese artillero que jamás falla. Dando cuenta de su puntería, remata bien esquinado, pero para su sorpresa, la nuestra y la del estadio entero, el arquero se arroja hacia las dos puntas al mismo tiempo y ataja el balón sin disimular una gigantesca sonrisa que nos nubla la visión.

¿Qué ha sucedido? ¿Cómo explicar semejante fenómeno? Sencillamente, el arquero es un notable conocedor del mundo de las opciones y un aficionado del *straddle*, la estrategia a través de la cual el inversionista –proyectando un escenario de alta volatilidad de precios– compra un *call* y un *put* del mismo activo subyacente, idéntica fecha de vencimiento y precios de ejercicio no muy lejanos al vigente para beneficiarse con un repunte o un retroceso pronunciado en su cotización.

Concluido el juego, llega el momento de las declaraciones de los protagonistas y el más buscado por los periodistas es el guardameta, quien a modo de anécdota cuenta su última operación en el mercado, obviamente exitosa: sabiendo que la empresa XYZ –cuya cotización era de $38,72– publicaría en breve los resultados de su balance más esperado de los últimos tiempos, compró un *call* y un *put* con precio de ejercicio de $37 y vencimiento en un mes, pagando $2,30 por el primero y $0,45 por el segundo.

El capital invertido –explica– se habría perdido totalmente si el precio de la acción hubiera descendido a $37 y de allí en más no hubiera sufrido cambios, mientras que la pérdida habría resultado parcial si la acción no hubiese reaccionado con brusquedad y se hubiera negociado durante todo el mes entre $34,25 y $39,75 (resultado de sumarle o restarle a $37 los $2,75 invertidos en las opciones). Lo cierto es que no observó pérdidas sino ganancias, gracias a ejercer la opción de compra por encima de $39,75 o la de venta por debajo de $34,25. "¿Con cuál acertó?", le preguntan. Misterioso, responde: "Averígüenlo ustedes mismos".

Apostar a la estabilidad

En un contexto de valores estables, mostrando ahora una elasticidad sobrenatural, nuestro arquero inversionista bien podría haber extendido sus piernas y brazos hacia ambos lados sin moverse del medio para detener cualquier remate no muy esquinado.

Esta estrategia, conocida en Bolsa como la venta de un *strangle*, consiste en lanzar al mismo tiempo y con idéntica fecha de vencimiento una opción de compra de un activo con precio de ejercicio superior al vigente y otra de venta con precio de ejercicio inferior.

Supongamos que la acción ZYX se negocia a \$3 en el mercado y que lanzamos con vencimiento a 2 meses un *call* con precio de ejercicio de \$3,40 y un *put* cuyo *strike* es de \$2,60.

Siempre que el activo subyacente se mueva dentro de ese rango de precios, ganaremos el dinero recibido en concepto de primas sin efectuar inversión alguna, debido a que ninguna de las opciones se ejercerá, mientras que comenzaremos a contar pérdidas en caso de que ZYX opere por encima de \$3,40 más nuestro ingreso vía primas, o por debajo de \$2,60 menos ese ingreso.

Por supuesto, ni la compra de un *straddle* ni la venta de un *strangle* agotan el universo de opciones combinadas al servicio del interesado. Se trata, por el contrario, de un mundo de infinitas posibilidades cuyo desarrollo depende fundamentalmente de la sed de conocimiento y la imaginación de cada inversionista.

LEAPs: opciones para el largo plazo

Que el mercado de capitales norteamericano cuenta con el menú más amplio de instrumentos financieros ofrecidos en el mundo no es novedad. Sin embargo, pese a ser este uno de sus mayores atractivos, una enorme proporción de los inversionistas que actúan en él desconocen la naturaleza y utilidad de esos instrumentos. Y en el caso de las opciones, ese desconocimiento se traduce en preconceptos como el que juzga que por su estructura sólo tienen sentido en estrategias cortoplacistas.

De acuerdo con la definición de la enciclopedia financiera online *Investopedia* (www.investopedia.com), los LEAPS (*long-term equity anticipation securities)* son contratos de opciones de cotización pública con vencimientos mayores a un año que, en esencia, resultan similares a las opciones comunes, aunque al ofrecer una vida útil más prolongada, se convierten en una interesante herramienta para los inversionistas de largo plazo que buscan apalancar sus apuestas sin tener que renovar permanentemente *calls* y *puts* de corto plazo.

Por supuesto, a raíz de su mayor duración, las primas de los LEAPS son generalmente más altas que las de las opciones comunes, siempre que con el correr de los meses no se alejen en exceso de los valores de mercado de los activos subyacentes y sus posibilidades de ejercicio tiendan a cero.

Estas diferencias pueden observarse comparando, por ejemplo, los valores de opciones de compra del SPY con precios de ejercicio similares pero fechas de vencimiento muy diferentes: mientras que en épocas de relativa volatilidad las primas de los *calls* de un mes de duración y *strike* apenas superior al valor de mercado rondan el 4,5% del precio del subyacente, las primas de los *calls* de poco más de un año y medio de duración cuestan alrededor de un 16% del precio del ETF en el mercado.

Las primeras, entonces, exigen un alza del activo subyacente de 5% o superior para generar beneficios, mientras que las segundas, con mucho más tiempo por delante, demandan un repunte SPY mayor que 16% para resultar rendidoras y, a cambio, le permiten al inversionista de largo plazo volcar el resto de su capital en otros instrumentos que le generen una renta anual interesante y le permitan compensar eventuales pérdidas.

El último grito de la tecnología: los ETFs

La hegemonía del vértigo en los mercados nos obliga: si pretendemos ser inversionistas exitosos, debemos mantenernos al tanto de las herramientas novedosas que nos acerca la ingeniería financiera.

Y entre las últimas destacadas, posiblemente la más importante refiera a la creación de los *exchange traded funds* (ETFs), esos fondos que podemos operar como acciones y que nos permiten –algunos más fielmente, otros menos– replicar con nuestro capital el comportamiento de activos tan disímiles como el oro, el cacao o el yen (la moneda japonesa), eludiendo entre otras cosas los costos de comisión y mantenimiento que implicaría almacenarlos en casa o en un depósito.

Por supuesto, los activos mencionados no alcanzan para comprender la variedad de ETFs existentes, ya gigantesca y en exponencial aumento. A través de estos instrumentos –en ocasiones, traducidos al castellano como "fondos cotizados"– podemos apostar a la baja de ciertos mercados desarrollados o de sectores clave en las principales economías del globo. O, por el contrario, intentar ganar el doble de lo que ganen las acciones bancarias en los Estados Unidos o directamente el índice Dow Jones.

En las próximas líneas ensayaremos una síntesis de sus principales características, de aquellas cualidades originales y de aquellas otras tomadas de instrumentos predecesores mucho más difundidos en la actualidad pero claramente menos ventajosos. Más adelante interpretaremos la información básica pero esencial que nos proporcionan los sitios web dedicados a los ETFs y, para finalizar, nos despediremos con una brevísima conclusión, una suerte de llamada a investigar un mundo sin duda fascinante.

Nociones generales de los ETFs

Desde su nacimiento, los ETFs se destacaron por sus diferencias respecto de los tradicionales –si no añejos– fondos comunes de inversión (FCIs) promovidos por los bancos, diferencias a las que podemos clasificar en dos tipos: estratégicas y operativas, donde las primeras aluden a la concepción y meta de cada especie de fondo, y las segundas se vinculan con su modo de transacción.

- Diferencias estratégicas: mientras los FCIs persiguen un objetivo de rentabilidad dentro de una ecuación riesgo-retorno que los convierte en "fondos de retorno absoluto", la meta de los ETFs consiste en reflejar con la mayor exactitud posible el comportamiento de un activo subyacente –commodity, índice bursátil, moneda, etc.– ya sea operando en el mismo sentido o en el contrario, e igualando, duplicando o triplicando sus variaciones de precio. A menor exactitud, peor reputación del fondo y sus administradores.

- Diferencias operativas: los ETFs pueden ser comprados y vendidos como acciones a los precios que dictan la oferta y la demanda y que se publican en pantalla al momento en que el inversionista emite la orden, siempre dentro de la rueda de operaciones. Las cuotapartes de los FCIs, por el contrario, son adjudicadas o liquidadas sólo al cierre de la jornada y a precios calculados por la entidad administradora en un proceso evidentemente menos transparente que el de los ETFs, donde además el cobro de comisiones por operación y mantenimiento se encuentra a la orden del día.

A estas diferencias debemos sumarles aquellas cualidades de los ETFs compartidas en algún punto con los FCIs aunque notablemente mejoradas. Una muy importante es la mencionada amplia gama de destinos posibles para nuestro capital. Otra, quizás la más relevante, alude a la posibilidad que nos ofrecen los nuevos fondos de apostar por un mercado o una industria sin atar nuestra suerte a la de una empresa en particular, ni obligarnos a comprar las acciones de todas las firmas que componen el índice o el sector económico replicado.

Bases para analizar un ETF

Saber leer un cuadro de ETF como los que se presentan en el buscador especializado "ETF Connect" resulta fundamental a la hora de analizar aquellos fondos cuyos gráficos de cotizaciones y componentes los convierten en potenciales destinatarios de nuestras inversiones. A modo de ejemplo, aquí interpretaremos en unas pocas líneas los datos crudos de cuatro productos distintos pero muy demandados. La información corresponde al 28 de febrero de 2009.

PowerShares DB Agriculture Fund (DBA)

- Closing NAV: $24,87
- Closing Share Price: $24,86
- Premium/(Discount): –0.04%
- Current Distribution Rate: —
- 52 Week High-Low NAV: $42.38–$21,69
- 52 Week High-Low Share Price: $42.56–$21,97

DBA es un ETF de commodities donde la soja, el trigo y el azúcar tienen gran participación. "Closing NAV" (*net asset value*) refiere al valor neto de esos commodities, al que se llega multiplicando su precio de mercado por las tenencias físicas del fondo y dividiendo el resultado por la cantidad de títulos del ETF en circulación. "Closing Share Price" habla del último precio de cierre del ETF en el mercado. En este caso, vemos que ese precio de cierre prácticamente coincide con el valor neto de los activos subyacentes (los commodities), lo que nos indica que los activos en cartera están siendo bien replicados por el precio en plaza del ETF.

La variable "Premium/(Discount)" justamente refleja esa proximidad de valores al registrar un descuento marginal de 0,04% para el último cierre con relación al precio teórico. "Current Distribution Rate", en tanto, detalla la relación dividendos/precio del ETF y en esta ocasión no presenta datos debido a que este instrumento no ofrece ese servicio. Finalmente, los dos rangos de precios que se observan refieren a los valores máximos y mínimos que en el último año se le calcularon a la canasta de activos subyacentes ("NAV") y a los máximos y mínimos marcados efectivamente por los títulos del ETF ("Share Price").

PIMCO High Income Fund (PHK)

- Closing NAV: $3,65
- Closing Share Price: $6,10
- Premium/(Discount): 67,12%
- Current Distribution Rate: 23,98%
- 52 Week High-Low NAV: $12,13–$3,55
- 52 Week High-Low Share Price: $13,47–$3,14

PHK es un ETF de bonos de alto rendimiento. Como se puede observar, existe una diferencia sustancial entre el precio de mercado de los papeles del fondo y su valor teórico, donde el primero supera al segundo en 67,12%, según dicta la variable "Premium".

¿Cuál es el motivo de semejante brecha en los valores? Uno muy probable, aunque no necesariamente el único, es la baja liquidez de muchos de los bonos que el ETF tiene en cartera. Estos, ante la ausencia de transacciones, podrían estar siendo valuados en el cuadro a precios ya añejos que no reflejarían una importante recuperación del mercado observada en las últimas semanas o incluso meses.

De todas maneras, sea cual fuere la razón, el inversionista debe saber que en caso de comprar este ETF, corre el riesgo de que el precio de sus títulos ceda terreno y se ajuste a un valor neto de los activos subyacentes muy inferior al deseado.

Por último, en este caso sí existen los pagos por dividendos y equivalen a 16,8% del precio del ETF, cifra a la que se llega luego de descontarle al "Current Distribution Rate" 30% del impuesto a las ganancias.

CurrencyShares Euro Trust (FXE)

- Closing NAV: $134,24
- Closing Share Price: $134,85
- Premium/(Discount): 0,45%
- Current Distribution Rate: 0,40%
- 52 Week High-Low NAV: $160,42-$124,76
- 52 Week High-Low Share Price: $160,10-$124,85

Los administradores de FXE compran euros y los depositan a plazo fijo con el objetivo de competir frente al dólar y a la vez ofrecer un dividendo a los tenedores del ETF. Su precio de $134,85 reflejaba una cotización de 1,3485 euro por dólar al momento de recabarse la información.

Direxion Financial Bear 3X Shares (FAZ)

- Closing NAV: $15,37
- Closing Share Price: $15,60
- Premium/(Discount): —
- Current Distribution Rate: 1,50%
- 52 Week High-Low NAV: —
- 52 Week High-Low Share Price: —

FAZ, un ETF que a la fecha no cumplía un año de existencia, parece concebido para los amantes de la adrenalina dado que triplica en forma inversa el movimiento del Russell 1000 Financial Services Index, el índice principal de firmas bancarias y financieras de los Estados Unidos. Así las cosas, si el subyacente sube 2%, FAZ debería caer 6%, mientras que debería subir 9% si las acciones de bancos y *brokers* ceden en promedio 3%.

La diferencia entre su "Closing NAV" y su "Closing Share Price" es poco significativa para la extrema volatilidad que tiene el activo. Y como puede notarse, no ofrece pago de dividendos, debido a que su capital no está volcado a acciones de bancos sino a opciones de venta (*puts*) de esas acciones y demás derivados financieros que le permiten beneficiarse con los descensos del sector.

Pasado y futuro

Es comprensible que luego de una crisis de dimensiones históricas como la desatada a partir de la concesión descontrolada de hipotecas *subprime* en los Estados Unidos, que derivó en un derrumbe generalizado en los precios de los activos financieros en ese país y el mundo, muchos potenciales inversionistas desconfíen de cualquier tipo de instrumento relativamente complejo y prefieran salvaguardar su dinero en depósitos a plazo, cuentas a la vista o incluso costosas cajas de seguridad.

Pero aunque comprensible, esta preferencia por opciones conservadoras que poco o nada ofrecen contra una eventual depreciación de la moneda elegida para cuidar el capital, no resulta deseable ni conveniente. Como inversionistas, debemos aprender a separar lo que pasó de lo que vendrá, para explotar las oportunidades que a diario brinda el mercado con un abanico amplísimo de opciones que los nuevos fondos cubren cada vez más y mejor. Por eso y porque muchos ya están tomando nota de sus atributos, vale sostenerlo: ¡Los ETFs vinieron para quedarse! ¡A conocerlos!

Aburridos y tradicionales: los bonos

Dicen los que saben que para transmitir con éxito una opinión, conviene comenzar la exposición con una postura contraria a la real y conducir al público por un sendero de reflexiones en apariencia necesario que desemboque en las conclusiones deseadas. No es el caso de este capítulo, donde –pese a nuestra pretensión de convencer al lector de participar del mercado– se publica como artículo de cierre aquel que lo debiera haber iniciado: el referido a los bonos, los instrumentos posiblemente menos atractivos de la fauna financiera.

Por lo pronto, todos sabemos que cuando el peligro acecha, cuando el humor de los inversionistas sufre un cambio brusco, cuando el horizonte se nubla y reina la incertidumbre acerca de lo que vendrá, es cuando la demanda de bonos de alta calidad crece. ¿Pero todos sabemos con exactitud en qué consisten los bonos?

Una breve introducción

Existen dos grandes familias de bonos: los *soberanos* o *públicos*, emitidos por los Estados, y los *corporativos* o *privados*, emitidos por las empresas. Ambos tipos de títulos conforman el universo de la renta fija y refieren a documentos que, a cambio de dinero fresco, encierran una promesa de pago futuro cuyos términos y condiciones son conocidos de antemano, promesa que convierte a los tenedores en acreedores del emisor con derecho a cobro en cualquier circunstancia, bien diferenciados de los socios accionistas con ingresos por dividendos atados a las ganancias de la compañía.

Los bonos pueden pagar intereses fijos, variables, o no pagar intereses y ser distribuidos vía licitación entre los inversionistas a un precio inferior a su valor facial, lo que garantiza una renta por el préstamo del dinero. Algunos devuelven la totalidad del capital al vencimiento y otros lo van devolviendo en cuotas.

Una vez licitados, pasan a cotizar en el mercado y pueden comprarse y venderse a través de bancos o agentes de Bolsa a precios que fluctúan en función del juego entre la oferta y la demanda, y que se ven condicionados por el nivel de las tasas de interés que rigen la economía, la calidad crediticia otorgada al emisor y el tiempo restante hasta el vencimiento.

Usualmente, sus precios son menos volátiles que los de las acciones y los productos derivados, aunque en momentos de turbulencia pueden sufrir variaciones significativas tanto al alza como a la baja.

Hablemos de riesgo

Acabamos de mencionar la calidad crediticia del emisor entre los determinantes del precio de un bono. Pues bien: el concepto de "riesgo" refiere directamente a ella; su nivel se establece en función de la capacidad de repago del emisor, estimada generalmente a partir del análisis de su situación financiera y sus perspectivas, y la realidad de la industria donde opera y del país al que pertenece.

Tal es la popularidad del concepto, que a diario se publican informes de calificadoras mundialmente conocidas como Standard & Poor's y Moody's, donde se resumen sus lecturas acerca de los distintos bonos en danza y se les otorgan notas a las emisiones de deuda con el fin de simplificar la elección de los inversionistas.

En el caso de Standard & Poor's, por ejemplo, las notas van desde "AAA" hasta "C" para los bonos de largo plazo, en un abanico que comprende a deudores de todos los colores, desde los más fiables hasta los menos, desde aquellos que, se supone, pase lo que pase honrarán en tiempo y forma sus compromisos, hasta aquellos que ante el primer inconveniente importante podrían decidir demorar o incluso interrumpir el pago de sus obligaciones.

Si bien por su claridad estos informes pueden resultar prácticos para los interesados, ya se ha dicho en el pasaje de este capítulo referido a acciones que no es recomendable confiar ciegamente en ellos. El vínculo muchas veces poco transparente entre las calificadoras de riesgo y los emisores de acciones o deuda puede derivar en análisis que olviden mencionar aspectos muy negativos de estos últimos.

Por eso, a la hora de operar, el inversionista debe realizar sus propios análisis, tan suyos como el dinero que compromete con cada decisión.

Los otros riesgos

Si bien el mayor temor se relaciona con un eventual incumplimiento de sus compromisos financieros por parte del emisor, no es ese el único riesgo que corren ni el que con más frecuencia sufren los amigos de la renta fija.

En rigor, es el riesgo de tasa el que se manifiesta más a menudo, al que podríamos definir como la posibilidad de que en determinado momento la tasa que ofrece un bono resulte pobre en virtud de lo que exige el público para un título emitido en la misma moneda, con similar fecha de vencimiento y calificación.

Se manifiesta al salir de una crisis, cuando los inversionistas que previamente habían huido en masa hacia los bonos mejor calificados, elevando sus precios y reduciendo sus tasas hasta niveles cercanos a cero, deciden buscar rentabilidades acordes con los nuevos tiempos, y generan una avalancha de ventas que terminará por volver más jugosas las tasas de esos mismos bonos "AAA" a costa de sus precios, que caerán cuanto tengan que caer.

Se observa también cuando el estallido de una burbuja decreta el final de un ciclo de exagerada bonanza financiera y castiga duramente a aquellos inversionistas que –en su afán por obtener un retorno algo superior al promedio– adquirieron títulos de Estados frágiles o compañías inestables sin prever que cualquier situación de iliquidez podría elevar notablemente el interés extra exigido por el público para comprar esos mismos papeles. El riesgo de tasa, vale resaltar, se encuentra íntimamente ligado al tiempo que resta para el vencimiento del bono, dado que a mayor vida útil o *maturity*, mayor probabilidad de sufrir un escenario de tasas rectoras superiores a las ofrecidas por el emisor, sobre todo si se trata de bonos nominados en monedas débiles o con historias recientes de devaluación. De allí que en períodos de estabilidad encontremos a los bonos "largos" pagando intereses mayores que los "cortos", una regla que sólo se quiebra cuando el mercado sospecha un *default* inminente del emisor, o cuando la economía atraviesa un escenario inflacionario que –se supone– será historia en breve.

La conclusión a esta altura parece obvia: si en las malas no resulta conveniente aferrarse a títulos de mediano o largo plazo que por muy seguros ofrecen tasas exageradamente bajas, en las buenas tampoco cabe enamorarse de cualquier papel de vida extensa por el hecho de que pague unos puntos más de interés que sus pares mejor calificados, dado que el premio puede resultar demasiado caro si se necesita abandonar la apuesta antes del vencimiento.

Por último, un dato que no debe obviarse a la hora de evaluar la compra de bonos refiere a su liquidez, es decir, al monto de deuda emitido y el volumen que se transa a diario en el mercado. Es ciertamente peligroso operar títulos poco líquidos debido a que la ausencia o escasez de compradores puede impedirle a uno salir de la posición en el momento deseado, o permitírselo, pero aceptando precios viles.

Distinguiendo tasas

Calcular la tasa que ofrece un bono es relativamente sencillo. Existen programas conocidos como el Excel que permiten determinarla, por lo que aquí recurriremos a los números sólo a fin de comprender el concepto, no siempre bien asimilado.

Es que si bien un título puede pagar intereses o cupones antes del vencimiento, el porcentaje que estos representan por año respecto de su valor nominal no necesariamente coincide con su tasa interna de retorno (TIR), esa que le importa al mercado y que sirve para comparar el rendimiento que ofrecen dos o más instrumentos distintos por unidad de moneda invertida.

Pensemos en un hipotético bono con valor nominal o facial de $100 que vence en 2 años y cuyo cupón anual es de 10%. Si apeláramos al sentido común, deduciríamos que con $1.000 podríamos adquirir 10 de esos títulos para cobrar al término de los primeros doce meses $100 en concepto de intereses y reinvertirlos de modo de recibir al vencimiento $1.100 por la devolución del capital y $110 por los intereses generados en el último período, en una ecuación donde la TIR y el cupón del bono resultarían semejantes, dado que tanto en el primer año como en el segundo, el rendimiento de la inversión equivaldría al 10% del capital arriesgado.

Pero el sentido común no siempre se condice con la realidad y en numerosas oportunidades esconde supuestos de difícil cumplimiento, como aquel que considera que el bono será adquirido "a la par" (a su valor nominal) en el mercado.

¿Qué sucedería si, por ejemplo, compráramos el mismo bono por el 50% de su valor facial aprovechando las enormes dudas del mercado sobre la capacidad de pago del emisor? El cupón anual de $10 por título ya no equivaldría al 10% del capital invertido sino al 20%, mientras que la TIR treparía al 59%, producto además de la diferencia entre los $50 destinados en un principio y los $100 que promete abonar el deudor al vencimiento.

Por el contrario, si un bono juzgado seguro y con vencimiento también a 2 años ofreciera un cupón de 5% anual que duplicara la tasa exigida por el mercado para los títulos bien calificados, probablemente cotizaría "sobre la par", tan alto como fuera necesario para emparejar su TIR con la del selecto grupo de pertenencia.

De lo dicho se desprende que la tasa interna de retorno es un indicador mucho más fiable que el monto de los cupones para estimar el rendimiento que ofrece un título de deuda negociado en plaza. Pese a ello, no debe tomarse como una herramienta precisa, mucho menos en aquellos casos en que el bono promete sensibles variaciones de precios a futuro y restan varios años para su vencimiento.

Su margen de error se vincula también con premisas ocultas detrás de la fórmula: si en la proyección desde el sentido común lo que podía fallar era el precio de compra imaginado, en el cálculo de la TIR los reparos se vinculan con la enorme probabilidad de que al momento de la reinversión de los cupones o las amortizaciones parciales de capital (si las hay), el título no continúe ofreciendo la misma tasa que cuando fue adquirido por vez primera.

Expliquémonos: si al cabo de los primeros 12 meses, el precio de mercado del bono a 2 años –que en un principio prometía una TIR de 10% producto de un cupón anual de $10– cae de $100 a $50 a causa de un sensible cambio en la percepción del público sobre la capacidad de pago del emisor, el tenedor que se anime a reinvertir los intereses y al vencimiento cobre lo acordado podrá celebrar una ganancia de $32, muy superior a los $21 proyectados con la tasa original de 10% anual.

Debemos saberlo: es a raíz de esta necesidad de actualización constante que la TIR de un bono se recalcula a diario en base a su último cierre y nunca una proyección es tomada como definitiva si ofrece cupones o amortizaciones de capital en el camino.

Bonos en la cartera

Los bonos fueron, son y serán instrumentos muy utilizados en los mercados de capitales, puesto que al reducir el peso de los intermediarios, les permiten a los emisores financiarse a tasas generalmente más convenientes que las que podrían obtener por otros medios, y a los inversionistas, conseguir retornos más atractivos para su dinero.

Atendiendo a estas bondades, es natural que todo inversionista se pregunte en más de una ocasión qué porcentaje de su cartera asignarles. Obviamente no existe una respuesta única sino que esta dependerá, entre otros factores clave, de la tolerancia del interesado a la volatilidad de precios a las eventuales pérdidas, y de su sed de ganancias.

No obstante, abundan quienes aconsejan privilegiar la edad a la hora de tomar una decisión sobre el tema y destinar alrededor de un 30% del capital a títulos bien calificados cuando se tienen cerca de 30 años, un 40% diez años más tarde y así sucesivamente. ¿Y el resto? Depositarlo en activos donde el riesgo prometa jugosas ganancias, si no en el corto, en el largo plazo.

La propuesta parece interesante. Exige que al menos se la evalúe.

Megatest

ACTIVOS FINANCIEROS

Elija una respuesta por pregunta. Al final calcule el resultado y lea el diagnóstico correspondiente. ¡Éxitos!

1. Las acciones preferentes comercializadas en el mercado norteamericano:

   a. son un híbrido entre acciones y bonos, y generalmente constituyen deuda perpetua;
   b. son las acciones que prefieren comprar los inversionistas que huyen del riesgo, sobre todo en épocas de turbulencia financiera;
   c. prometen mejores rendimientos que las acciones ordinarias y por eso son más caras;
   d. todas las respuestas son correctas.

2. El comprador de un *call*:

   a. tiene derecho a comprar una cantidad determinada de títulos del activo subyacente;
   b. tiene la obligación de comprar una cantidad determinada de títulos del activo subyacente;
   c. tiene derecho a vender una cantidad determinada de títulos del activo subyacente;
   d. tiene la obligación de vender una cantidad determinada de títulos del activo subyacente.

3. El objetivo del administrador de un ETF es:

   a. ganarle al mercado;
   b. lograr un rendimiento siempre positivo;
   c. replicar lo mejor posible el comportamiento de un activo subyacente;
   d. todas las respuestas son correctas.

4. El comprador de un *put*:

   a. tiene derecho a comprar una cantidad determinada de títulos del activo subyacente;
   b. tiene la obligación de comprar una cantidad determinada de títulos del activo subyacente;
   c. tiene derecho a vender una cantidad determinada de títulos del activo subyacente;

d. tiene la obligación de vender una cantidad determinada de títulos del activo subyacente.

5. Un bono es:

    a. una promesa de pago a futuro;
    b. una promesa de pago documentada;
    c. una promesa de pago cuyo monto, plazo y moneda son conocidos de antemano;
    d. todas las respuestas son correctas.

6. Se realiza una operación de *short selling* con acciones cuando:

    a. se adquieren acciones para venderlas en el corto plazo;
    b. se adquieren acciones para alquilarlas y obtener una renta por el servicio;
    c. se alquilan y venden acciones esperando recomprarlas más abajo y devolverlas;
    d. las respuestas a y c son correctas.

7. ¿Cuántos lotes se necesitan para tener derecho a comprar 200 acciones?

    a. 2
    b. 20
    c. 200
    d. 2.000

8. El lanzador de un *call*:

    a. tiene derecho a comprar una cantidad determinada de títulos del activo subyacente;
    b. tiene la obligación de comprar una cantidad determinada de títulos del activo subyacente;
    c. tiene derecho a vender una cantidad determinada de títulos del activo subyacente;
    d. tiene la obligación de vender una cantidad determinada de títulos del activo subyacente.

9. La tasa interna de retorno (TIR) permite:

    a. conocer el monto neto a cobrar en concepto de intereses por un bono;
    b. comparar el rendimiento de un bono frente a una acción;
    c. proyectar el precio futuro de un bono;

d. proyectar, aunque no siempre en forma exacta, el rendimiento que ofrece un bono.

10. Entre otras cosas, los ETF se distinguen de los fondos comunes de inversión por:

a. valer más de 10 dólares, cuando las cuotapartes de los fondos comunes no llegan a 5;
b. permitirle al inversionista comprar y vender sus títulos durante la rueda de operaciones y no sólo al cierre;
c. ser ofrecidos por *brokers* on line y no por bancos;
d. las respuestas b y c son correctas.

11. La prima de una opción es su precio:

a. pagado por el comprador al lanzador;
b. pagado por el lanzador al comprador;
c. de ejercicio dividido por los días que restan hasta el vencimiento.

12. Manteniendo el resto de las variables constantes, un aumento en la volatilidad del activo subyacente:

a. incrementa la prima del *call* y reduce la prima del *put;*
b. incrementa la prima del *put* y reduce la prima del *call;*
c. incrementa la prima de ambos;
d. reduce la prima de ambos.

13. Si un bono cotiza sobre la par, su precio:

a. es superior al del cierre previo;
b. es superior al de los otros bonos emitidos por el mismo deudor;
c. es superior al valor nominal del título;
d. paga intereses inferiores al resto.

14. Cuando un inversionista asume una posición *long*:

a. espera que el activo comprado suba de precio;
b. espera que el activo comprado baje de precio;
c. asume dos posiciones *short;*
d. las respuestas a y c son correctas.

15. La venta de un *strangle* consiste en:

a. lanzar al mismo tiempo y con idéntica fecha de vencimiento un *call* con precio de ejercicio superior al del activo subyacente en el mercado y un *put* con precio de ejercicio inferior al del mismo subyacente;

b. comprar al mismo tiempo un *call* y un *put* del mismo activo subyacente, con idéntica fecha de vencimiento y precios de ejercicio no
muy lejanos al vigente en el mercado.

Respuestas correctas

1: a, 2: a, 3: c, 4: c, 5: d, 6: c, 7: a, 8: d, 9: d, 10: b, 11: a, 12: c, 13: c,
14: a, 15: a.

Diagnóstico

De 0 a 5: ¡tiene mucho que aprender aún! Debe investigar más sobre el
tema apelando al muy valioso material que ofrecen numerosos sitios web y los
libros de finanzas recomendados por los especialistas. No renuncie por desconocimiento a las opciones, constituyen una herramienta muy útil para incrementar los retornos de las inversiones y disminuir los riesgos.

De 6 a 12 respuestas correctas: posee usted un conocimiento básico y
esencial sobre la materia. Le recomendamos entrenar con operaciones virtuales antes de operar, simulando compras y ventas de opciones disponibles en
el mercado y evaluando los resultados.

De 13 a 15 respuestas correctas: evidentemente, su grado de conocimiento sobre la materia es alto. De todos modos, nunca es bueno conformarse con
lo conseguido, y lo más recomendable a esta altura es seguir investigando para poner en práctica distintas estrategias con opciones más o menos complejas que le permitan aprovechar al máximo cada momento del mercado.

5. A MODO DE CONCLUSIÓN

Las plataformas de *trading*

Internet cambió la naturaleza de los vínculos entre las personas, desde su comunicación más básica hasta los lazos más profundos. Y, como era de esperar, el mundo financiero fue un testigo privilegiado de esa transformación.

La explosión del *trading online*, con cientos de miles de devotos que desde sus casas, las oficinas céntricas o los bares operan a diario e intercambian opiniones, recomendaciones y análisis a través de foros y salas de chats, se presenta como la consecuencia más palpable de la nueva realidad virtual, esa que promueve la existencia de ámbitos más participativos y transparentes que los de antaño también en los mercados.

Cuán lejos nos encontramos hoy de aquellos primeros tiempos en que había que presentarse en persona o a través de un tercero en el recinto para operar y ver cómo las ofertas de compra y venta eran anotadas a mano en una pizarra llena de tizas de colores. Incluso, de aquellos años posteriores en que las comunicaciones telefónicas dictaban el ritmo de las transacciones pero no se tenía acceso a los precios vigentes sino a través de la voz del operador de turno.

Hacia fines del siglo XX, las plataformas de *trading online* comenzaron a hacerse un lugar primero entre los inversores más sofisticados y luego entre quienes no necesariamente viven de las finanzas aunque desean hacerlo. Estas plataformas fueron ganando terreno a partir de sus bondades, que van desde la mencionada comodidad de operar vía Internet sin acudir por teléfono a intermediarios que demoren unos minutos en devolver la llamada para confirmar si la mesa de operaciones concretó la compra o venta solicitada, hasta la notable disminución de las comisiones producto de esas operaciones.

Tan simples pero tan importantes cambios, sumados a la oferta complementaria de cotizaciones e información relevante en pantalla y en tiempo real, generaron una tendencia a favor del *trading online* que no da señales de detenerse. Es más, su creciente popularidad logró trascender el plano de lo individual para impactar de lleno en el comportamiento colectivo de los inversores, agilizando las reacciones del mercado debido a la mayor velocidad con que se difunde la información a su interior e incrementando los volúmenes operados gracias a las facilidades brindadas por los *brokers* a sus clientes.

De qué hablamos cuando hablamos de plataformas online

Una plataforma de *trading* no es otra cosa que un software que permite a los inversionistas acceder mediante una clave al sitio web del *broker* contratado para observar las cotizaciones de los activos financieros disponibles en tiempo real, conocer las posturas de compra y venta existentes, y emitir una orden que será publicada de inmediato a fin de que otros actores del mercado la vean y actúen en consecuencia.

Según el servicio adquirido, el software puede incluir gráficos con innumerables herramientas para realizar análisis técnicos, buscadores de acciones que obedezcan ciertos parámetros establecidos por el usuario, acceso a noticias de último momento, informes de especialistas, foros sobre Bolsa y, claro está, el detalle de todos los movimientos registrados en la cuenta del inversor, como acreditaciones por dividendos, débitos por pago de comisiones, etcétera.

En la mayoría de los ítems, las diferencias con la operatoria offline son abismales. Por ejemplo, mientras que la compra o venta ordenada a través de una plataforma de este tipo suele publicarse en menos de 5 segundos, mediante la comunicación telefónica la demora asciende a medio minuto o más, y depende de que el agente que se le asignó a uno esté disponible para atenderlo.

Algo similar ocurre con las compras o ventas ejecutadas: si en el primer caso la confirmación llega a través de un e-mail automático unos segundos después de concretada la operación, con la modalidad tradicional el cliente podría enterarse sólo 5 o 10 minutos más tarde, si es que el agente en cuestión recuerda llamarlo y no se pierde entre reuniones en oficinas ajenas y charlas con otros inversores, probablemente más acaudalados.

Por supuesto, el diálogo con un intermediario conocedor del paño puede llevarnos a corregir lecturas equivocadas sobre el mercado y evitar errores costosos, pero así como nuestro interlocutor puede orientarnos sabiamente a la hora de plantear estrategias y elegir activos en los que invertir, también puede impulsarnos a adquirir productos –como cuotapartes de fondos de inversión tradicionales o *hedge funds*– poco prometedores o demasiado arriesgados para nuestro gusto, sin comentarnos jamás sobre el plus salarial que obtendrá por convencernos.

217

Dos plataformas, el mismo objetivo

Los interesados en la operatoria online deben saber que existen básicamente dos tipos distintos de plataformas disponibles a través de las cuales operar directamente con el mercado, es decir, sin intervención humana entre la carga de la orden de compraventa y su publicación en las pizarras virtuales. Son las plataformas de nivel 1 y 2. Conozcamos sus principales características.

a. **Nivel 1:** permiten conocer únicamente la mejor punta compradora (el precio de compra más alto entre los ofrecidos) y la mejor punta vendedora (el precio de venta más bajo) para cada activo disponible. El *delay* entre la carga de órdenes y su publicación es marginal. En este sentido, existen *brokers* que prometen procesar la información en apenas 2 segundos y librar al inversor de pagar comisiones en caso de demoras superiores.

b. **Nivel 2:** aquí el *delay* también es mínimo. El precio de este servicio es algo más alto, debido a que permite conocer no sólo las mejores puntas compradoras y vendedoras, sino también los volúmenes ofrecidos en cada caso y otros datos sumamente relevantes para el inversor. Estas plataformas contienen además herramientas que posibilitan la carga de órdenes complejas, como los *stop loss* o las solicitudes de compras automáticas en días posteriores.

Si bien exhiben diferencias, un objetivo idéntico las une: buscan transparencia, velocidad, comodidad y reducción de costos para el cliente. En el mundo de las finanzas, su reinado está escrito. Sólo falta que la historia le dé su lugar al inversor autodirigido.

BIBLIOGRAFÍA

Ariely, Dan: *Predictably irrational. The hidden forces that shape our decisions.* Editorial Harper Collins, New York, 2008.

Echeverría, Rafael: *Ontología del lenguaje.* Editorial Granica, Buenos Aires, 2005.

Elbaum, Marcelo: *Hombre rico, hombre pobre.* Editorial Planeta, Buenos Aires, 2008.

Galitz, Lawrence: *Financial engineering: tools and techniques to manage financial risk.* Pitman Publishing, London, 1995.

Graham, Benjamin: *The Intelligent Investor.* Editorial Collins, New York, 2005.

Hasgstrom, Robert G. Jr. and Buffett, Warren: *Estrategias del inversor que convirtió 100 dólares en 14 billones de dólares.* Ediciones Gestión 2000, Barcelona, 2000.

Hill, Napoleón: *Piense y hágase rico.* Editorial Grijalbo, México, 2002.

Ibáñez Padilla, Gustavo: *Manual de economía personal. Cómo potenciar sus ingresos e inversiones.* Editorial Dunken, Buenos Aires, 2006.

Kiyosaki, Robert T.: *El cuadrante del flujo del dinero.* Editorial Aguilar, Buenos Aires, 2005.

Kiyosaki, Robert T.: *Padre rico, padre pobre.* Editorial Aguilar, Buenos Aires, 2005.

Litvinoff, Nicolás: diversos artículos en revista *Inversor Global* (www.inversorglobal.com.ar). Buenos Aires, números 28 a 54, 2005-2009.

Neenan, Michael y Dryden, Windy: *Coaching para vivir. Aprende a organizarte y a ser más asertivo.* Editorial Paidós, Buenos Aires, 2004.

Patel, Alpesh B.: *E-Trading: inversiones financieras a través de Internet.* Editorial Prentice Hall, Madrid, 2000.

Patel, Alpesh B.: *Guía práctica del inversor online. Ponga el dinero donde pone el ratón.* Editorial Prentice Hall, Madrid, 2002.

Reilly Frank K. y Brown, Keith C.: *Investment Analysis and Portfolio Management.* South-Western Educational Publishing, Ohio, 2000.

Shiller J., Robert: *Irrational Exuberance,* Broadway Books, New York, 2001.

Soros, George: *Soros por Soros, Anticipando el futuro.* Editorial Distal, Buenos Aires, 1996.

_____ *El nuevo paradigma de los mercados financieros. Para entender la crisis económica actual.* Editorial Taurus, Madrid, 2008.

GLOSARIO

Apalancamiento: también conocido en su versión inglesa *leverage*, consiste en comprar activos financieros y ponerlos como garantía de un préstamo que se utilizará para comprar más activos. Este tipo de operaciones se puede realizar repetidas veces, aunque a riesgo de elevar demasiado la exposición a un escenario desfavorable donde el activo cedido como garantía se deprecie, y obligue al deudor a malvender sus tenencias para saldar los compromisos asumidos.

Beta: es un coeficiente de correlación entre dos variables. En finanzas, es utilizado mayoritariamente para medir la correlación entre un activo y un índice de referencia. Este indicador suele oscilar entre 0 y 2, aunque también puede ser negativo. Se dice que las acciones con Beta entre 0 y 1 son *defensivas* porque se observan variaciones menos bruscas que el índice que las nuclea. Por ejemplo, si el índice baja, se espera que un papel defensivo baje menos. Lo mismo debería ocurrir al alza. A las acciones con Beta mayor que 1 se las denomina *ofensivas* porque se mueven en el mismo sentido que el índice de referencia, pero en mayor proporción. Por lo tanto, una acción ofensiva debería subir más que el índice que la nuclea si este opera en alza, pero también bajar más si cede terreno.

Bonos "a la par": son aquellos cuyo precio de mercado coincide con su valor nominal.

Bonos "bajo la par": son aquellos cuyo precio de mercado resulta inferior a su valor nominal.

Bonos "largos": son aquellos cuyo vencimiento es lejano en el tiempo, usualmente más de 5 años.

Bonos "sobre la par": son aquellos cuyo precio de mercado resulta superior a su valor nominal.

BRIC: se denomina así al bloque emergente conformado por Brasil, Rusia, la India y China, cuyas economías han experimentado un fuerte crecimiento en la primera década del siglo XXI. El fenómeno despertó el interés de los inversionistas, quienes demandaron activos que les permitieran invertir en forma conjunta en estas cuatro economías.

CDOs (*collateralized debt obligations*): son certificados de deuda que se operan en el mercado. Se caracterizan por presentar dentro de su misma estructura diferentes activos con distintos niveles de riesgo dadas sus calificaciones y vencimientos. Este vehículo financiero fue muy popular durante el auge del mercado de hipotecas norteamericano (2003-2007).

ETFs (*exchange traded funds*): conocidos en castellano como "fondos cotizados", son activos que replican el comportamiento de índices o grupos de acciones, divisas y commodities. Semejantes a un fondo común, sin embargo operan como acciones. La reciente aparición de estos instrumentos fue muy celebrada por la mayoría de los inversores individuales, quienes a través de ellos pueden diversificar sus apuestas a bajo costo. Existen incluso ETFs que cotizan en sentido contrario al de su activo subyacente, aumentando de precio cuando el subyacente cae y viceversa.

Hedge funds: fondos de inversión no controlados por la SEC (*Securities and Exchange Commission*, el ente regulador del mercado en los Estados Unidos) que, por lo tanto, suelen realizar maniobras especulativas de alto riesgo.

Índices DAX, FTSE 100, Dow Jones, Nasdaq, S&P 500: son distintos índices accionarios. Los dos primeros son los líderes de las Bolsas de Frankfurt y Londres, respectivamente. Los otros tres son estadounidenses. Un índice accionario es simplemente una medida estadística que trata de reflejar el comportamiento de un conjunto de acciones de un país o sector económico.

LIBOR (*London interest bank offer rate*): la tasa interbancaria más utilizada en el mundo financiero para fórmulas de interés variable.

Opciones *at the money* (ATM): son aquellas cuyo precio de ejercicio coincide con el precio de mercado del activo subyacente en un momento dado. El nombre vale tanto para los *calls* como para los *puts*.

Opciones *in the money* (ITM): son aquellas opciones de compra (*call*) cuyo precio de ejercicio resulta inferior al precio de mercado del activo subyacente en un momento dado, o las opciones de venta (*put*) cuyo precio de ejercicio resulta superior al precio de mercado.

Opciones *out of the money* (OTM): son aquellas opciones de compra (*call*) cuyo precio de ejercicio resulta superior al precio de mercado del activo subyacente en un momento dado, o las opciones de venta (*put*) cuyo precio de ejercicio resulta inferior al precio de mercado.

Reserva Federal (Fed): es el Banco Central de los Estados Unidos. Creada el 23 de diciembre de 1913 como resultado de la Ley de Reserva Federal (*Federal Reserve Act*), pertenece a un consorcio mixto (público y privado) compuesto por la Junta de Gobernadores, el Comité Federal de Mercado Abierto, doce bancos de Reserva Federal regionales y distintos bancos privados. El actual presidente de la Junta de Gobernadores es Ben Bernanke.

Short selling: traducido como "venta en descubierto" o "venta en corto", refiere a aquella operación en la que el inversionista le alquila acciones a su *broker* para venderlas de inmediato y esperar una caída en los precios para comprarlas en el mercado y devolverlas, de modo de beneficiarse con la diferencia negativa entre el precio de venta original y el de compra final. En los Estados Unidos esta práctica está reglamentada y es realizada con frecuencia por los operadores.

Sistema de amortización alemán: las cuotas puras son distintas. Se calcula una amortización lineal en sentido descendente. Al tratarse de un sistema de amortización sobre saldos, el monto de las cuotas va disminuyendo por el menor peso del capital y de los intereses.

Sistema de amortización americano: todas las cuotas precedentes a la última son iguales. La amortización se realiza íntegra al vencimiento del préstamo. Este suele ser el sistema elegido por los emisores de bonos.

Sistema de amortización directo: no es un sistema de amortización sobre saldo, dado que se calcula el pago de los intereses sobre el total del capital prestado desde la primera hasta la última cuota, sin importar la devolución del capital que se va concretando en el camino.

Sistema de amortización francés: las cuotas puras son siempre iguales. Lo que varía en ellas es el peso de los intereses y el capital a devolver. Es un sistema de amortización (devolución del capital) sobre saldos donde en un principio se pagan más intereses que capital.

Sistemas de amortización (de deudas): se utilizan para calcular el monto de las cuotas en los préstamos.

Spread: brecha existente entre el precio de compra y el de venta de un activo. Diferencia entre la tasa de interés que, por ejemplo, pagan los bancos por los depósitos de sus clientes y la que cobran al momento de otorgar un préstamo.

Stop loss: orden utilizada por los operadores para fijar de antemano un freno a las posibles pérdidas. Simplemente se ordena vender automáticamente un activo determinado si su precio desciende hasta un nivel establecido por el operador.

Subprime: categoría donde se ubica al aspirante a un crédito hipotecario que no reúne las condiciones básicas para obtenerlo en condiciones normales.

Swap: operatoria compleja de derivados donde dos agentes con distinta calidad crediticia intercambian flujos de fondos y riesgos.

Tendencia intradiaria: se dice de la tendencia que prevalece en el mercado durante un día en particular. Se deduce tomando en cuenta el precio de apertura y el último pactado.

Volumen: cantidad de acciones operadas en un mercado. Cuanto más volumen opera una acción, más líquida se la considera. Por el contrario, más ilíquida se la considerará cuanto menos volumen operado registre.